뉴 노멀 시대의
교회와 목회

뉴노멀 시대의 교회와 목회

초판 1쇄 2020년 12월 30일

지은이 정창균, 이승진, 권 호
펴낸이 황대연
발행처 설교자하우스
주소 경기 수원시 팔달구 권광로 276번길 45, 3층
전화 070. 8267. 2928
전자우편 1234@naver.com
등록 2014. 8. 6.

ISBN 979-11-955384-8-5 93230
값은 뒷표지에 있습니다.

이 도서의 국립중앙도서관 출판예정도서목록(CIP)은 서지정보유통지원시스템
홈페이지(http://seoji.nl.go.kr)와 국가자료종합목록 구축시스템(http://kolis-net.
nl.go.kr)에서 이용하실 수 있습니다. (CIP제어번호 : CIP2020052658)

뉴노멀 시대의
교회와 목회

함께 애통하고 함께 탄식하라!

정창균 이승진 권호 지음

NEW
NORMAL

설교자하우스

서문

코로나 바이러스19로 시작된 세계적이고 세기적인 비정상적 상황이 점차 새로운 정상이 되고 있습니다. 팬데믹, 넥스트노멀, 언택트, 맨탈데믹, 신인류 시대… 듣도 보도 못했던 말들이 보편적인 일상의 용어가 되고 있습니다. 봉쇄, 격리, 거리두기, 대화금지, 모임금지, 악수금지… 숨통을 조여 오는 것 같은 해괴한 모습을 강요당하고 그것이 우리의 일상으로 자리잡아가고 있습니다. 그렇게 이전에 경험해보지 못한 비정상(Ab-normal) 상태가 새로운 정상(New-Normal)이 되고 있습니다. 우리는 이렇게 닥친 새로운 시대를 『뉴-노멀(New-Normal) 시대』라고 부르기로 하였습니다.

설교자하우스에서는 『뉴-노멀 시대의 교회와 목회와 설교』라는 주제로 두 차례의 온라인 세미나와 한 차례의 대면강좌를 개최하였습니다. 이 책은 그 세미나에서 다룬 내용을 정리한 것입니다. 뉴-노멀 시대의 교회와 목회 그리고 설교에 대한 이해와 문제, 그리고 몇 가지 제안을 담았습니다. 이 책에서 제시한 우리의 생각이 정답이라는 뜻에서 내놓는 것이 아닙니다. 반드시 이렇게 해야 한다는 강요의 의도를 담은 것도 아닙니다. 안타까운 마음에 이리저리 고민하고 괴로워하면서 갖게 된 생각들을 나눠보고자 정리하였습니다.

　1장에서는 코로나바이러스로 말미암아 닥친 현상을 『뉴-노멀 시대』로 규정하고 이러한 시대의 교회와 목회에 대한 전반적인 이해와 대응방안을 큰 그림을 함께 보면서 공감대를 형성하고자 하였습니다. 2장에서는 뉴-노멀 시대의 교회 안 목회와 교회 밖 목회를 주제로 다루었습니다. 뉴-노멀 시대에는 목회의 영역과 대상에 대한 개념 확장이 필수적이라는 우리의 인식에 근거하여 대책을 제시해보고자 하였습니다. 이제 목회의 영역이 단순히 교회 안에서 일어나는 일들만이 아니라, 교회 밖 사회와 그 안에서 일어나는 일들까지도 목회라는 차원에서 교회가 다루어야 하는 상황을 반영한 것입니다. 그리고 3장에서는 뉴-노멀 시대의 강단 목회를 주제로 다루었습니다. 코로나 바이러스로 말미암은 현상에 대한 대응책에 국한하지 않고 뉴 미디어 시대를 맞고 있다는 좀 더 포괄적인 상황을 전제로 미디어 설교에 대한 이론적이고 학문적인 차원에서 이 문제를 다루었습니다.

생활에, 사업장에, 학교에, 교회에, 산지사방에 코로나 바이러스로 말미암은 돌발적인 상황이 지뢰 터지듯 여기저기서 터지는 상황입니다. 어떤 계획도 확정할 수가 없고, 어느 누구도 미래를 예측할 수 없는 이 사태가 언제까지 계속 될 것인지 큰 걱정입니다. 코로나 바이러스를 퇴치한다 하여도 그간에 바이러스 사태가 남긴 정신적 경제적 사회적 공황사태는 더 무서운 공포 가운데로 우리를 몰아갈 듯합니다. 어떤 학자들은 코로나바이러스로 말미암아 문명사적 변화가 일어날 것이라고 말하기도 합니다.

그러나 언제나 그래왔듯이 이렇게 열리는 새 시대는 한편으로는 또 하나의 기회가 되기도 할 것입니다. 특별히 우리 신앙인들에게는 하나님을 새롭게 경험하는 절호의 기회가 될 것입니다. 하나님께서 이러한 현상 속에 담아놓으신 시대를 향한 징조를 파악하며 현실을 제대로 인식하고, 역사의 궁극적 진행 방향을 내다보며 자기 혁신을 이루어 가는 것이 우리 신앙인이 취할 반응이어야 합니다. 이전 것을 어떻게든 회복하려는 것이 아니라, 새로운 판에 맞추어 변신을 해야 한다는 것은 이 시대를 살아가는 상식이 되었습니다. 새로 열리는 시대는 Again이 아니라, Reset이 관건이 될 것입니다. 그것은 낯선 새로운 상황에 적응해야 하는 고통과 하루하루 그 고통을 살아내야 하는 고난의 과정일 수 있습니다. 그러나 그 과정을 통하여 새롭게 만들어가는 창의력 넘치는 새로운 길들은 우리에게 두고두고 또 하나의 길이 되고 자랑이 될 수 있을 것입니다. 누구보다도 힘들고 버거운 목회현장을 이끌며 이 격동의 교회현실을 살아가는 이 나라 교회의 모든 목회자들을 존경하고 사랑하며 하나님 아버지께서 은총을 베풀어주시기를 날마다 기도합니다.

2020. 12.

저자 대표 정창균

PART **01** 뉴노멀 시대의 교회와 목회 | 정창균

I . 코로나19 사태 – 신자가 취할 첫 동작

II . 코로나19 사태 – 반전의 아이러니

1

뉴 노멀 시대의
교회와 목회

정 창 균

NEW
NORMAL

1. 코로나19 사태 - 신자가 취할 첫 동작

1. 애통하고, 탄식하라!

코로나19 사태가 우리 모두의 일상에 몰고 온 것은 바이러스 감염으로 말미암은 생명의 위험과 경제생활의 위축으로 인한 생존의 위협이다. 갑자기 닥쳐온 이러한 현상에 직면하면서 두려움, 불안, 불편, 당황, 상실감, 좌절감, 격리감, 답답함, 우울함, 분노 등 비정상적이고 병리적인 상태가 모두의 일상이 되고 있다. 모든 사람이 고통을 겪고 있다.

이러한 상황에서 우리 신자들이 취할 수 있는 첫 반응이 무엇인가? 아프다고 말하며 하나님 앞에서 실컷 우는 것이다. 답을 모르겠다고 하소연하며 엎드려 우는 것이다. 하나님 어디 계시냐고 울며 하소연하라. 답답하고 쓰린 마음을 하나님 앞에 실컷 털어놓으라. 이것이 가장 중요한 첫 동작이다. 자기 자신에게나 남에게나 신앙적으로 되고 싶은 욕구가 너무 강한 나머지 하나님께 자신의 아픔을 털어놓는 새 출발의 현장을 무시하거나 지나쳐버리는 잘못을 범하지 않아야 한다. 애통과 탄식을 회개와 결단 같은 경건한 행위로 묻어버리지 않아야 한다. 아프면 아프다고 말하는 것이 먼저다. 죽을 것 같은데 죽고 싶지 않으니 살려달라고 아우성치는 것이 먼저다.

아픔을 무시하고 아무것도 아닌 양, 아픈 현상 자체는 중요한 것이 아닌 양, 그럼으로써 자신은 신앙 수준이 높은 신자인 양 치장하는 것은 정직하지 않다. 심지어 하나님께 애통하고 따져 묻고 토로하는 것은 마치 불신앙적인 행위인 것처럼 치부하는 태도는 크신 하나님 앞에 인간이 취할 겸손도 아니다. 이러한 현실은 죄로 인한 징계와 심판이라는 식의 원인분석에 매달리는 것도 정당한 태도가 아니다. 이 현상에서 겪는 고통은 덮어버린 채 쉽사리 회개 운동이나 회복을 위한 기도 운동으로 넘어가지도 말아야 한다. 어떻게 이 현실을 벗어날 수 있을지 묻고 회개를 답으로 내놓기 전에, 당하고 있는 고통의 현실을 고통으로 인식하는 현실 인식이 먼저다. 그 현실을 하나님께 털어놓고 아파하고 울며 하소연하는 것은 무책임하고 뻔뻔스러운 처신이 아니다. 전능하신 하나님 앞에 제한된 인간이 갖출 수 있는 가장 겸손한 모습이다.

회개 운동은 위기를 넘기기 위하여 하나님을 다루는 우리의 전략 전술이 아니다. 고통의 자리에서 다시 살 길을 얻는 것은 하나님 아버지의 긍휼의 열매이다. 우리가 회개하여 얻은 획득물이 아니다. 집 나간 탕자가 다시 아들의 신분을 얻는 것은 그가 뉘우치고 돌아왔기 때문이 아니다. 불쌍히 여겨서 품으신 아버지의 긍휼 때문이다. 더 이상 못 살겠으니 제발 살려달라고 애통하며 탄식하는 자기 백성에게 하나님은 긍휼의 은총을 베푸신다. 고통과 죽음의 구렁텅이에서 하나님의 긍휼을 맛본 사람, 불쌍히 여겨주시는 하나님을 경험한 사람은 자연스레 회개한다. 긍휼이 먼저다. 회개는 결과요 필연이지 원인이나 수단이 아니다.

사실 하나님의 백성은 혹독한 고난의 현장에서 하나님께 울부짖고 탄식하며 하소연한다. 심지어 현실에서 겪는 고통을 놓고 따져 묻는 것이 전혀 낯설거나 어색하지 않다. 시편의 3분의 1이 삶의 현장에서 내놓는 탄식이다. 탄식의 본질은 그들이 삶의 현장에서 겪는 고통의 문제이다. 탄식의 내용은 다양하다. 질병, 범죄, 사고, 죽음, 원통함, 모함, 대적자, 아픔, 신앙적회의, 고통, 외로움, 소외감 등 사람이 살면서 당할만한 현실적 고통의 문제를 모두 담고 있다. 탄식의 방식도 다양하다. 애통, 탄식, 항변, 하소연, 고발, 설득, 호소 등이다. 죽을 것 같다고, 너무 힘들다고, 너무 억울하다고, 하나님이 안 계시는 것 같다고, 견딜 수 없다고, 왜 주무시냐고, 제발 이제 일어나시라고, 왜 나에게서 얼굴을 돌려버리셨냐고, 왜 잠잠하시냐고, 아무리 잘못했다 하여도 살려주시라고 애원한다. 다양한 방식과 어법으로 자기들의 현실을 탄식한다. 가슴을 치며 애통한다. 그 과정을 거치며 시인들은 마침내 하나님께 감사하고 하나님을 찬양하는 경지에 이른다.

하나님이 430년 동안 종살이하던 이스라엘 백성을 애굽에서 데리고 나오기로 결심하신 이유 가운데 하나는 하나님의 백성 이스라엘이 부르짖는 서러움의 통곡 소리를 들으셨기 때문이다. "여호와께서 이르시되 내가 애굽에 있는 내 백성의 고통을 분명히 보고 그들이 그들의 감독자로 말미암아 부르짖음을 듣고 그 근심을 알고 내가 내려가서 그들을 애굽인의 손에서 건져내고 그들을 그 땅에서 인도하여 아름답고 광대한 땅, 젖과 꿀이 흐르는 땅 곧 가나안 족속, 헷 족속, 아모리 족속, 브리스 족속, 히위 족속, 여부스 족속의 지방에 데려가려 하노라"

뉴 노멀 시대의 교회와 목회

(출 3:7-8).

　　하나님은 이스라엘이 사사시대에 반역을 행할 때마다 의도
적으로 적국의 손에 넘겨버리시고도 다시 적국의 압제에서 건
져내시는 일을 반복적으로 행하셨다. 이스라엘이 부르짖는 고
통에 대한 탄식과 호소를 들으셨기 때문이다. 사사기의 모든
구원역사는 백성이 쏟아내는 고뇌와 고통에 찬 탄식과 부르짖
음으로부터 실마리가 풀린다. 예수님의 십자가를 향한 발걸음
도 예루살렘의 멸망을 보는 자의 탄식과 눈물로 시작된다. 예
수님이 이미 썩기 시작한 나사로의 시체 앞에서 마리아와 함께
온 유대인들이 우는 것을 보시고 비통히 여기시며 괴로워하시
고, 눈물을 흘리시며 다시 비통히 여기신 것은(요 11:33, 35, 38),
죽음을 맛보지 않도록 지어진 인간이 이렇게 비참한 죽음의 현
실에 처하게 된 것을 분하게 여기신 때문이다. 이러한 처지에
처한 인간의 고통을 공감하셨기 때문이다.

　　그러므로 하나님 앞에서 쏟아내는 신자의 애통과 탄식은 절
망의 현실에 대한 호소인 동시에 소망으로 가는 출발점이다.
신자의 애통과 탄식은 절망과 소망의 양면성을 갖는다. 이 긍
휼을 맛본 자는 탄식의 자리에서 정신을 차리고 자신을 돌아보

며 회개하기에 이른다. 이 과정을 체험한 사람은 다른 이들이 당하는 그 고통에 동참하는 심정으로 그들을 위한 기도에 나서기를 주저하지 않는다. 그러므로 고통당하는 이들을 위한 기도는 선심이나 동정심의 발산이 아니다. 공감과 공유, 그리고 동참의 일환이 된다. 고통에 던져진 현실에서 쉽사리 소위 "회개 캠페인"으로 달아나버리지 않아야 되는 이유가 바로 여기에 있다.

2. 신학자와 목회자들 -
함께 애통하고 함께 탄식하라!

신학자와 목회자는 신자들과 교회가 겪는 이러한 참혹한 현상 가운데 던져진 교회와 교우들과 함께 애통하는 것이 우선이다. 이 참혹한 현상을 설명하거나 해설하려 하지 말고 같은 마음으로 애통하고 탄식하고 울며 아픔을 토로해내는 현장을 공유하는 것이 우선이어야 한다. 이것이 첫 출발점이다. 가장 중요한 것은 지금 모두가 너무 아프고 고통스럽다는 사실이다.

교회 안과 밖의 모든 사람이 경험하고 있는 고통의 현상을 공감하는 것이 가장 먼저다. 이러한 참혹한 현상이 닥쳐온 원인을 파헤치는 것, 이것이 하나님의 뜻인지 심판인지를 논하는 것, 재앙인지 축복인지를 해석하는 것, 상황 극복과 처신 방법을 제시하는 것, 그리하여 어떤 특정의 모습이나 태도나 행동을 강요하는 단계로 뛰어넘는 것은 옳지 않다. 모르는 것을 인정하고 정직하게 터놓고 말하기를 두려워해서는 안 된다. 왜 이런 일이 일어났는지, 어떻게 이 문제를 해결할 것인지를 누가 명확히 알 수 있는가? 사실 아무도 모르고, 아무것도 정확히 모른다. 안다고 하여도 곧바로 그곳으로 갈 일은 아니다. 모든 것을 답해야 한다는 강박관념에서 벗어나야 한다. 모든 것을 신학적으로 답 할 수 있다는 태도는 허세요 교만이다. 다만 모두가 아프고 슬프고 두렵고 막막하며 확실한 답이 없다는 사실만 확실할 뿐이다. 우리는 속수무책인데 해결책은 아무것도 없다는 사실만 분명하다. 먼저 이 사실을 인정하고 애통하며 탄식하는 것으로부터 하나님을 향하여 나아가는 첫 발걸음을 띠게 된다.

신자들이 불신앙의 상태로 가지 않도록 경계하며 신앙지도를 잘 해야 된다는 책임감에 사로잡히는 것은 어쩌면 책임감이라기보다 우월감이고 강박관념일 수 있다. 저들이 얼마나 아플까, 얼마나 겁이 나고 무서울까, 얼마나 막막하고 고통스러울

까를 먼저 염려해야 한다. 그것을 공감하고 공유하고 있는 모습으로 다가가야 한다. 교인들이 다른 곳으로 빠져나가는 것을 방지할 대책을 강구해야 한다는 어느 교계 신문의 1면 대형 기사는 그런 점에서 심히 우려된다. 이 현실에서 교인들이 겪고 있는 아픔과 좌절과 무기력과 우울함과 이유 모를 분노를 "환난의 경한 것"에 집착하지 말고, "크고 영원한 영광의 중한 것"을 바라보며 살아야 한다고 외치면서 덮어버리는 것은 교인들 입장에서는 너무나 서운하고 매정한 처사다.

"성급히 해결책으로 비약하지 않고, 애통하고 자제하는 시간이 필요하다."라는 톰 라이트의 말을 경청할 필요가 있다. 월터 부르그만의 말처럼, 출산의 현장에서 곧 죽을 것처럼 절규하며 고통스러워하는 임산부에게 "곧 생명이 태어나고 우리 아이가 생기는 것이니까 조금만 참아, 괜찮아, 이것은 아무것도 아니야."라는 식으로 말하는 남편이 있다면 그의 말이 사실임에도 불구하고 정말 그는 아내에게 평생 갈 상처를 주는 사람이 된다. 그러므로 월터 부르그만은 이렇게 말한다. "해산의 고통과 부르짖음과 절박한 요구를 너무 쉽게 지나쳐서는 안 된다." 제랄드 싯처의 "하나님 앞에서 울다"를 읽어볼 필요도 있다. 상실의 고통이 얼마나 깊고 큰 것인지, 그것에 어떻게 정직한 감정으로 반응할 수 있는지, 그리고 어떻게 새로운 길로 나가는 긍정적인 힘을 발휘하는지를 이해할 수 있을 것이다.

3. 현장의 목회자들 - 애통과 탄식의 자리를 제공하라!

목회자는 교인 각자가 개인적으로 애통하고 탄식하도록 격려해야 한다. 뿐만 아니라 교회적으로 애통하고 탄식하는 기회와 자리를 만들어야 한다. 그러한 자리에서는 쉽사리 회개의 기도나 결단의 기도로 나아가기보다는 먼저 하나님께 아픈 나의 현실을 토로하고 하나님 앞에서 우는 시간을 갖도록 인도하는 것이 좋을 것이다. 하나님께 하소연하고 하나님께 애통하고 하나님께 고통을 토로하면서 긍휼의 은총으로 임하여 오시는 하나님을 경험하는 기회를 얻는 데에 집중하는 시간이 우리 모두에게 가장 필요하다.

4. 주의할 위험

1) 현상에 대해 애통하고 탄식하는 것과 현실의 아픔을 빙자하여 하나님을 거부하는 것을 구별해야 한다. 욥의 탄식은 끝

까지 하나님을 붙잡고 씨름하는 것이었으나, 욥의 아내의 탄식은 현실 상황을 원망하고 분노함으로 하나님을 거부하는 탄식이었다.

2) 애통과 탄식에 안주하여 도리어 현실적 스트레스를 푸는 방편으로 삼아 그것 자체를 즐기는 경향에 빠지지 않도록 주의해야 한다. 그렇게라도 울부짖고 답답한 속을 퍼붓고 나니 그나마 속이라도 후련하다며 애통과 탄식을 일시적인 감정 해소 방안처럼 습관적으로 사용하지 않도록 경계해야 한다. 애통과 탄식은 회개와 결단과 신앙고백과 간구 등 그다음 단계로 나아가는 발판이 되어야 한다.

II. 코로나19 사태 - 반전의 아이러니

1. 코로나 바이러스의 세계화

코로나 바이러스가 삽시간에 세계를 통일해버렸다. 코로나의 세계통일로 온 세계가 고통을 당하고 있다. 바이러스의 세계통일은 전적으로 『세계화(Globalisation)』 덕분이다. 페스트의 유럽화는 국경 출입이 자유로운 쥐가 문제였다면, 지금 코로나는 세계출입이 자유로운 현대 인류가 문제다. 『세계화(Globalisation)』는 공간적으로는 『일일생활권』, 시간상으로는 『동시 접속성』이 핵심이다. 공간의 거리를 극복하고 시간의 간격을 초월한 『세계화』는 지금까지 인간의 능력이 얼마나 위대한가를 증명하는 자랑스러운 증거요, 현대인이 얼마든지 오만해도 좋은 가장 확실한 업적으로 여겨졌다.

2. 반전의 아이러니

그런데 현대문명이 이룬 세계화를 발판삼아 코로나 한 놈이 팬데믹이라는 타이틀을 얻으며 세계를 통일하니, 그간 이룬 위대한 세계화가 일순간에 정지되고, 무효처럼 되어버렸다. 나라마다 장벽을 세워 오갈 수 없고, 개인마다 거리를 벌려 접촉할 수 없다. 철저한 지역화, 지독한 개별화로 돌아가 버렸다. 봉쇄라는 이름으로 서로 넘나들 수 없고, 격리라는 이름으로 밖으로 나댈 수 없는 것이 일상인 세상이 되고 말았다. 다른 사람에게는 막히고, 자기 자신에게는 갇히는 신세가 된 것이다. 이것이 충격적인 반전이다. 이 현실에서 마주하게 된 가슴에 사무치는 사실은 바로 이것이다. "별수 없는 인생!"

하늘을 날아 다른 나라에 가려던 모든 계획은 취소 환불로 마무리되었다. 유학 갔던 아들이 몇 년 만에 돌아와도 공항 영접을 할 수 없다. 출장 갔던 남편이 돌아와도 그가 2주간의 독수공방을 통과해야만 부부로 얼굴을 맞댈 수 있다. 어떤 계획도 일정을 확정할 수 없고, 어떤 경우에도 미래에 대한 확실한 예측이 불가능하다. 사람은 자유로운 공간 이동과 사람 사이의 접촉이 불가능해졌다. 그렇게 자랑스러웠던 세계화를 발판삼

뉴 노멀 시대의 교회와 목회

은 코로나바이러스의 세계화에 발목이 잡혀, 온 세계는 지금 그간 이루어놓은 문명의 혜택을 아무것도 누리지 못한 채 자유롭게 행할 수 없는 형국이 되고 말았다. 『취소』 『봉쇄』 『거리두기』 『격리』 『마스크』 『원격강의』 그간 낯설기만 했던 단어들이 가장 절실하고 보편적인 일상의 말들이 되고 있다. 우리는 이제 신앙인의 자리에서 신앙인의 안목으로 이러한 아이러니 넘치는 세상의 현상을 살펴보아야 한다.

3. 하늘에 계신 자의 조롱과 분노

이런 지독한 아이러니 현상의 닮은 꼴 때문일까? 창세기의 바벨탑 현장이 눈앞을 어른거린다. 하나의 언어로 뭉쳐 세상을 통일하고 하늘을 꿰뚫는 세계화된 인류사회를 구축해보고자 했던 인류의 오만한 시도를 하나님이 언어를 뿔뿔이 갈라버림으로써 비웃었던 그 현장이 겹친다. 그러면서 한편으로는 코로나로 말미암은 이 사태가 예삿일이 아니라는 촉이 살아난다. 누군가 이 판을 벌여놓고 과학 문명을 내세워 한없이 오만해진 이 세상을 비웃고 있다는 생각이 환상처럼 문득 스쳐 간다. 코로나바이러스보다 더 무서운 것은 따로 있다는 생각이 두려움과 함께 엄습해온다.

시편 초입의 말씀 한마디가 귓가를 윙윙거린다. "하늘에 계신 이가 웃으심이여 주께서 그들을 비웃으시리로다"(시 2:4). 하나님과 그의 역사 진행을 대적하며 맨 것을 끊고 결박을 벗어버리자고 일어나는 나라들과 민족들과 세상의 군왕들과 관원들의 오만방자한 행위를 단칼로 끊어버리듯이 이 한마디 말씀으로 정리해버리는 장면이다. "하늘에 계신 이가 웃으심이여, 주께서 그들을 비웃으시리로다."

　언뜻 조롱하고 빈정대는 웃음 같지만, 사실은 그렇지 않다. 분노의 비웃음이다. 그래서 바로 이어 그렇게 말씀한 것이다. "그 때에 분을 발하며 진노하사 그들을 놀라게 하여"(시 2:5). 그러나 그분의 궁극적인 목적은 분노와 책망과 호통에 이은 끝장내기가 아니다. 그러므로 분노를 발하시면서 선언하신 것이 그것이다. "내가 나의 왕을 내 거룩한 산 시온에 세웠다"(시 2:6). 그 상황에서 진정으로 살 길을 그렇게 제시하신 것이다. 하나님이 시온에 세웠다는 그의 왕은 결국 예수 그리스도였다. 세상 물정 모르고 오만방자하다가 하나님의 비웃음을 받으며 이제 멸망에 직면한 인간들에게 이 말씀을 통하여 하나님이 분명하게 제시하는 것은 결국 두 가지다.

　　　　　　　　　　　　　뉴 노멀 시대의 교회와 목회

4. 시대를 향한 징조

메시아 예언의 대표적인 말씀으로 일컬어지는 시편 2편의 말씀에 비추어 코로나 사태를 비추어 볼 때 이 현상 속에 담아놓으신 하나님의 이 시대를 향한 징조가 무엇인지를 짐작하게 된다.

첫째, 하나님 두려운 줄 알고 겸손하라는 경고다. 더 직선적으로 말하면, 하나님 앞에서 인간 그리고 인간 능력의 주제를 파악하라는 것이다. 겸손은 자기를 비하하거나 자기 자신을 아무것도 아닌 것으로 여기는 자기 학대를 말하는 것이 아니다. 신앙인에게 진정한 의미의 겸손은 하나님 존재 앞에서 자기 자신을 확인하는 것이다. 창조자 하나님, 절대자 하나님, 거룩하신 하나님 앞에서 자기 자신을 인정하는 것이다. 우리는 하나님 앞에서 피조물이고, 유한하고, 부정하고, 무능한 존재들이다. 너 나 없이 모든 인간은 자기 주제와 분수를 알고 하나님 두려운 줄 알아야 한다. 하나님 앞에서 자신의 한계를 인정해야 한다. 그리하여 지금보다 훨씬 더 겸손해져야 한다. 겸손은 하나님과의 관계에서 자신의 위치를 확인하는 것이다. 이런 의미에서 겸손은 관계개념이다. 하나님은 사랑의 하나님이다. 우리는 사랑받은 존재들이다. 이 관계 확인으로부터 우리는 진정한 인간의 가치와 궁극적인 소망과 자존감을 가지게 된다. 그러므로 코로나바이러스 사태의 한복판에서 우리가 깨달아야 할 일차적인 징조는 분명하다. 무엇보다도 하나님과 바른 관계를 맺는 데로 돌아가야 한다는 사실이다. 그 관계의 본질은 하나님 앞에서 자신의 주제를 파악하고 바로 처신하는 것이다. 하나님은 바이러스의 위력을 과시하시는 것이 아니다. 아무것도 아닌 바이러스를 가지고 현대문명과 그것을 자랑하는 현대 인류가 얼마나 별수 없는 인생인가를 과시하고 있다.

둘째, 인간이 진정으로 살 수 있는 길은 하나님께 있다는 사실이다. 진정한 살 길은 인간의 능력이나 업적이나 집단행사에 있는 것이 아니라 하나님께 있다는 선언이다. 하나님께 살 길이 있으니 살고 싶으면 이런저런 헛된 수고하지 말고 하나님께로 오라는 것이다. 하나님이 거룩한 산 시온에 세우신 하나님의 왕이 살 소망이고 살 능력이다. 왕이신 하나님을 붙잡고 하나님께로 돌아오라는 것이다. 그것이 궁극적으로 인간이 살 길이라는 독촉이요, 엄중한 명령이다. 결국 하나님이 내신 방안은 네가 왕 노릇하지 말고, 내가 세운 왕 앞으로 나오라는 것이다. 이제 자기를 낮추고 하나님에게로, 그가 세우신 구원의 왕 예수께로 돌아가는 것이야말로 살 길이라는 엄중한 명령이다.

뉴 노멀 시대의 교회와 목회

하나님을 향하여 분노하고, 여호와와 그의 기름 부은 자를 향하여 대적하고, 하나님의 은혜를 얽어맨 것이라 말하며 끊어버리자 하고, 하나님의 긍휼을 비웃으며 벗어버리자 하는 것(시 2:1-3)은 헛된 일일 뿐 아니라 하나님의 진노 아래 멸망하고 죽을 길이니 하나님께로 돌아와야 산다는 경고다. 그러므로 어떤 대가나 고난을 걸머지더라도 그 문제에 몰입하는 것이 우선이다. 하나님은 우리를 죽이려고 하시는 것이 아니라 우리를 살리시려고 이러한 현상을 일으키고 계신다는 것을 명심해야 한다. 우리는 죽고 망할 자들이 아니라 제대로 살아갈 자들이다. 교회는 망하는 것이 아니라 교회다워질 것이다. 목사는 목사다워질 것이고, 신자는 신자다워질 것이다. 그렇게 보면 이러한 고난과 절망은 우리가 제대로 하나님을 알고 제대로 살아갈 기회로 주어진 것이다.

그러므로 코로나바이러스 사태의 한복판에 서 있는 한국교회와 목회자에게는 현상에 매몰되어 어떻게 이 현상을 극복할 것인가에 몰입하는 것보다 더 중요한 것이 있다. 하나님은 누구이고 우리는 누구인가를 다시 확실하게 인식하고, 어떻게 하나님께로 돌아갈 것인가를 제시하여 격려하며, 그곳으로 교회를 이끄는 일에 중점을 두어 나아가야 한다. 사도 바울의 말씀을 새겨들어야 한다. "하나님의 은혜를 헛되이 받지 말라 ⋯ 보라 지금은 은혜받을 만한 때요 보라 지금은 구원의 날이로다"(고후 6:1-2). 선지자의 선포에 귀를 기울여야 한다. "너희는 여호와를 만날 만한 때에 찾으라 가까이 계실 때에 그를 부르라"(사 55:6).

III. 코로나19 사태 - 현상과 징조

1. 예수님의 분노와 제안

예수님은 현상에만 민감하고 현상에 대한 대처에만 민첩하면서 하나님이 던져놓으시는 시대적 징조에는 관심도 감각도 처신도 없는 세대에 대하여 분노하셨다(눅 12:54-13:5). 예수님의 분노를 풀어서 말하면 이런 것이다. 구름이 서쪽에서 일어나면 소나기가 올 것을 알아차려 우산을 들고 출근하고, 남쪽에서 바람이 불면 심히 더울 것을 알아차려 반소매 셔츠 들고 외출하는 민감성과 민첩성을 발휘한다. 빌라도가 어떤 갈릴리 사람들의 피를 그의 제물에 섞은 사건을 놓고는 특별한 관심을 보이며 빌라도의 악에 대하여 그런 억울한 일을 당한 사람들의 처신과 대책에 대하여 열띤 논의를 한다. 실로암 망대가 무너져 열여덟 사람이 죽은 사건에 대하여는, 온 사회가 특별한 관심을 보이며 시공사가 어디인지, 어떻게 처벌할 것인지, 무슨

법을 만들어 이런 부실 공사의 재발을 막을 것인지, 그들에 대한 보상 문제를 어떻게 할 것인지 등을 치열하게 논의하고 연구한다. 그러나 정작 그 현상 속에 담아놓은 시대를 향한 하나님의 징조에 대하여는, 관심도 없고 반응도 없고 남의 말을 하듯이 하는 그 시대 사람들에 대하여 책망하며 분노하신 것이다. 그러므로 예수님은 결론 지으셨다. "외식하는 자여 너희가 천지의 기상은 분간할 줄 알면서 어찌 이 시대는 분간하지 못하느냐 또 어찌하여 옳은 것을 스스로 판단하지 아니하느냐"(눅 12:56-57). 그리고 빌라도 사건과 실로암 망대 사건들의 현상 자체에 모든 관심을 두고 그 현상에 매몰되는 사람들을 향하여 내린 결론이 그것이었다. "너희는 이 갈릴리 사람들이 이같이 해 받으므로 다른 모든 갈릴리 사람보다 죄가 더 있는 줄 아느냐 너희에게 이르노니 아니라 너희도 만일 회개하지 아니하면 다 이와 같이 망하리라 또 실로암에서 망대가 무너져 치어 죽은 열여덟 사람이 예루살렘에 거한 다른 모든 사람보다 죄가 더 있는 줄 아느냐 너희에게 이르노니 아니라 너희도 만일 회개하지 아니하면 다 이와 같이 망하리라"(눅 13:2-5). 닥친 현상 속에 하나님이 담아놓으신 시대를 향한 징조를 보고 시대를 분별하는 데로 나가지 않는 사람들, 그리고 그것이 자신과는 상관없는 남의 일인 것처럼 여기며 대하는 사람들. 그러한 태도에 예수님은 분노하신 것이다. 신학자나 목회자들이 코로나바이러스 전문가가 될 필요는 없다. 코로나의 역사에 관하여 연구할 필요도 없다. 코로나바이러스 현상을 연구하고 다루어 피해를 최소화하기 위한 방책을 세우는 일 등은 과학자와 의료인과 관료들이 책임을 지고 온 힘을 다하여 해결해 나갈 것이다. 우리는 그들의 대책을 따르면 된다. 그러나 이러한 현상 속에 담아놓으신 시대를 향한 하나님의 징조가 무엇인가를 파악하고 이 시대와 오는 시대를 분별하며 그에 대하여 반응을 하는 것은 신학자와 목회자들과 교회의 몫이요 책임이다. 현상에 매몰될 것이 아니다. 그 현상에 드러나 있는 하나님의 손길을 보고 그 메시지를 들어야 한다.

2. 시대의 징조를 분별할 책임

신학자요 목회자라면 현상에 대한 반응이 아니라 이러한 현상을 만드신 하나님께 반응하는 것이 우선이어야 한다. 이 현상을 어떻게 해결할 것인가에 몰입하는 데서 한 발 나아가, 이 현상에 담아놓으신 하나님의 메시지와 하나님의 손길을 파악하는 데 주력해야 한다. 어떻게 이 위중한 상황을 극복하고 옛날처럼 정상적인 사회로, 교회로, 예배로 돌아갈까를 고뇌하며 그 방안을 강구하는 데 집중하는 것보다 훨씬 더 급한 일이 있다. 밀어닥친 이 현상을 통하여 하나님은 무엇을 말씀하시며 무엇을 하시고자 하는가를 찾으려는 태도를 갖는 것이다. 불만과 불평을 쏟아내던 입을 다물고 눈과 귀를 열어 하나님이 무어라 말씀하실는지 바라보고 기다리겠다고 태도를 돌변하던 하박국 선지자를 기억해야 한다(하박국 2:1). 그리고 이런 사태가 벌어진 것이 하나님의 뜻이냐 아니냐로 논쟁하기보다 이런 사태를 통하여 하나님이 이루려는 뜻이 무엇이냐를 찾기에 전념해야 한다. 이런 사태가 하나님의 뜻인가가 아니라 이런 사태 안에 하나님의 뜻이 들어있다는 믿음으로 그것을 찾아내고 그에 반응하는 것이 우리의 책임이다. 그러므로 우리는 이중의 일을 동시에 해야 한다. 닥쳐온 상황을 애통하며 하루하루의 현실로 살아내는 한편, 이런 상황을 통하여 하나님이 이루시고자 하는 뜻이 무엇인지를 알아차려야 한다. 하나님께서 제시하시는 시대적 징조를 알아차리는 것이다. 이는 곧 시대를 분별하는 일로서 핵심적으로 두 가지를 말할 수 있다. 첫째는 하나님은 무엇이라고 말씀하시는가를 알아차리는 것이다. 이것은 하나님께 민감한 영적 감각이다. 둘째는 하나님은 어떻게 하라고 말씀하시는가를 알아차려 그에 따라 처신하는 것이다. 이것은 하나님께 민첩한 영적 결단력이다.

3. 미시적 징조

미시적 관점이란 지금 우리에게 닥친 이 현상 자체가 우리에게 주는 하나님의 징조 혹은 하나님의 메시지가 무엇인가를 찾는 것을 말한다. 이 현상의 본질을 한없이 오만하고 방자해진 현대문명이 하루아침에 무력화되어 버렸다는 사실에 초점을 맞추어 이러한 현상이 주는 시대적 징조를 파악하는 것이다. 이러한 관점에서는 앞에서 이미 시편 2편의 말씀에 비추어 해석하고 시대를 향한 징조를 두 가지로 요약하였다. 그것은 한 마디로, 어떻게 하나님과의 관계를 바로 맺을까 하는 것이다. 하나님 앞에서 인간의 존재와 위치, 가치와 능력을 바로 깨닫는 것이다. 그리고 하나님 두려운 줄 알고 겸손해지는 것이다. 하나님이 은혜로 주신 것을 자기의 공력으로 알고 하나님을 대적하는 일을 그만두어야 한다. 인간을 창조하신 분이 하나님인데 인간 복제 기술을 드높이며 하나님 자리를 넘보는 것은 어리석은 일이다. 온 우주를 만드신 분이 하나님인데 화성에 갈 수 있는 과학 기술을 내세워 인간이 하나님 행세를 하는 것은 우스운 일이다. 인류의 최첨단 과학이나 의료가 감염을 막고 치료하는 데 아무런 확고한 대책을 세우지 못하는 현실이 우리에게 던지는 도전은 무엇인가? 우리는 궁극적인 삶의 길은 하나님께 있다는 사실을 다시 확인하게 된다. 그리고 전적으로 하나님을 의존해야 산다는 결론에 이르게 된다. 이것이 코로나 바이러스 사태가 미시적 관점에서 주는 두 번째 징조이다.

4. 거시적 징조

거시적 관점에서 징조를 파악한다는 것은 불어닥친 팬데믹 현상이 시간이 흐르면서 어떤 양상을 만들어가는가, 어떠한 흐름을 형성해나가게 되는가에 초점을 맞추어 시대적 징조를 파악하는 것을 말한다. 이러한 거시적 관점에서 코로나19 바이러스 사태를 지나면서 이 시대를 향한 하나님의 징조를 파악하고자 할 때 최소한 두 가지 사실이 명백해진다.

첫째는 하나님께서 역사의 방향을 바꾸려 하신다는 것이다. 코로나바이러스 사태는 앞으로 역사의 대변화를 초래하리라는 것은 문명사를 연구하는 학자들과 일반 학자들 모두 확신을 갖고 하는 말이다. 그중 어떤 학자는 앞으로 오는 시대를 신인류 시대라고 말하기도 한다.

둘째는 하나님께서 교회의 판을 새로 짜려하신다는 것이다. 모든 면에서 대변혁이 일어나고, 교회는 이제 획기적인 혁신으로 하나님의 새 판짜기에 부응해야만 한다는 것이다.

뉴 노멀 시대의 교회와 목회

이러한 관점을 갖고 우리가 앞으로 나아갈 방향을 두 가지로 요약할 수 있다.

첫째는 본질로 돌아가라는 것이다. 본질로 돌아간다는 것은 하나님께로 돌아가는 것을 말한다. 그리고 하나님께로 돌아가는 구체적인 실천은 곧 말씀으로 돌아가는 것이다. 결국 하나님의 말씀이 모든 생각과 판단과 처신의 최우선적 기준이 되어야 한다. 이런 점에서 한국교회는 이제 본격적으로 말씀의 시대가 열리고 있다. 나는 앞으로 한국교회는 설교의 시대가 열린다고 주장해 왔으며, 목회는 결국 말씀 사역을 어떻게 펼쳐 낼 것인가가 관건이라고 확언해왔다. 이제 목회자들은 지금까지와는 다른 방식으로 바쁘고 부지런해야 한다는 나의 주장이 그것이다. 기능과 실용적 역할을 달리하는 많은 프로그램을 기획하고 운영하느라 분주했던 목회가 이제는 말씀 사역이라는 한 가지 본질적 기능을 어떻게 상황과 대상과 여건에 따라 가장 효과적이고 가장 심도 있게 잘 수행할 것인가를 놓고 바빠야 한다. 그리고 그 일들을 제대로 해내기 위하여 분주해야 한다.

둘째는 하나님이 새롭게 짜시는 판에 맞추어 우리를 새롭게 혁신해야 한다는 것이다. 그러므로 코로나바이러스로 말미암아 벌어진 이러한 현상 가운데서 신자요, 신학자요, 그리고 목회자로서 우리가 해야 할 일, 곧 시대의 징조를 분별하는 것은 하나님이 바꾸고자 하시는 역사의 방향은 어디를 향하고 있는 것인지, 하나님께서 새로 짜시려 하는 판은 어떠한 판인지를 분별하는 일이다. 그리고 그 새로운 판에 부응하는 변혁과 적응을 이루어내는 처신을 하는 것이다. 하나님이 새롭게 짜시는 판에 걸맞게 자신을 변화하고 혁신하여 이 역사에 주도적으로 참여하는 것이다. 코로나바이러스 사태로 말미암아 뉴-노멀 시대가 열리고 있고, 이러한 현상에 담겨있는 시대적 징조는 이제 하나님께서 역사 진행의 방향을 바꾸시고, 사회와 교회의 새로운 판을 짜시려는 것이라고 분별을 하였다면 그 분별에 맞는 처신을 해야 한다. 그런데도 지금은 비정상적인 상태이고 속히 이 상태를 극복하여 이전의 정상적인 상태가 회복되게 해야 한다는 전제로 처신을 한다면 그것은 하나님의 역사 진행을 정면으로 거역하는 것이 될 것이다.

IV. 뉴-노멀New-Normal 시대와 교회

1. 뉴-노멀(New-Normal) 시대의 도래

비정상적인 현상들

코로나바이러스 사태는 개인은 물론 사회, 국가의 거의 모든 영역에서 새로운 현상을 초래하였다. 그동안 정상적, 일상적, 전형적, 관행적이던 것들이 모두 파괴되거나, 무효가 되거나, 금지되어서 전혀 작동하지 않는 비정상(Ab-Normal) 상태가 매일의 현실이 되고 있다. 반가운 사람을 만나면 악수 정도가 아니라 서로 껴안고 기뻐하는 것이 정상이었다. 그러나 지금은 절대 금지이다. 마스크로 얼굴의 반 이상을 가리고 멀리 떨어져야 한다. 그것은 호불호의 문제가 아니라 너와 나 그리고 이 사회의 생명을 지키는 생존 문제가 되었다. 그리운 사람은 수시로 식사에 초대하여 밥을 같이 먹으며 정다운 대화를 나누는 것은 도리요 기쁨이요 살아가는 보람이었다. 그러나 지금은 대접하는 자리를 만들지 않는 것이 상대방에 대한 최소한의 배려이다. 초대하는 것은 그의 생명이 위협받는 현장으로 불러내는 무분별처럼 여겨진다. 불과 일 년 전만 하여도 한여름에 버스 안에서 마스크를 쓰고 있으면 모두가 이상한 사람 보듯 쳐다보았다. 그러나 지금은 버스 안에서 마스크를 쓰지 않고 있으면 모두가 그 사람을 제 정신이 아닌 사람 보듯 쏘아보는 눈초리로 쳐다본다. 요양원에서 어머니가 운명하고 있는데, 달려온 아들은 들어가 엄마를 부를 수도 없고 홀로 죽어가는 엄마를 창밖에서 우두커니 들여다보고만 있어야 한다. 일천 명이 모여 예배드리던 예배당에는 선착순 신청자 200명만 덩그러니 앉아야 한다. 6명씩 12명이 앉던 의자 두 줄에는 단 세 명만 앉을 수 있다. 그것이 주일 예배당의 당연한 일상이 되고 있다. 우리에게는 매우 낯설고 비정상적인 현상들이다.

비정상의 일상화 – 뉴-노멀(New-Normal) 시대

이러한 비정상이 잠시만 참고 버티면 다시 이전의 정상으로 돌아가는 것이 아니라는 데 더 큰 무서움이 있다. 비정상이 종착점을 확인할 수 없이 지속되고 있다. 시한을 확정할 수 없이 비정상적 현상의 기간이 길어지고 있다. 당국자들도, 과학자들도, 의료인 단체도, 언제 이 현상이 종결될지, 언제 백신이 만들어질지, 만들어지는 백신의 효과가 어느 정도일지, 얼마동안이나 유효할지, 그 어느 것도 확실하게 예측할 수 없다. 특히조심해야 하고 철저하게 방역을 해야 한다는 것이 할 수 있는말 전부일 뿐이다. 미국 감염병 학회의 전염병 관련 최고 권위자로 꼽히는 앤서니 파우치는 코로나바이러스 백신이 2020년말쯤 개발된다고 하여도 자유로운 일상의 활동은 2021년 말이나 가능하게 될 것이라고 막연한 짐작을 할 뿐이다.

그 어간에 낯설고 불편하던 비정상이 점점 익숙한 일상이되면서, 비정상이 이제는 정상(Normal)이 되고 있다. 닥쳐온 비정상(Ab-Normal)이 점점 새로운 정상(New-Normal)이 되어버렸다. 나는 이 점에 초점을 맞추어 지금부터 시작되는 시대를뉴-노멀(New-Normal) 시대라고 지칭한 것이다. 이러한 현상을놓고 어떤 사람은 지금부터 전개되는 시대를 넥스트 노멀(Next Normal) 시대라고 부른다. 그런가 하면 접촉(contact)이 단절된현상에 초점을 맞추어 언택트(Untact) 시대라 부르기도 하고, 혹은 초연결 시대라 부르기도 한다. 이어지는 시대를 어떻게 지칭하든지 그 내용과 본질은 같다. 코로나바이러스가 몰고 온현재의 현상은 모든 방면에서 이전과는 전혀 다른 새로운 시대를 열고 있다는 인식이다. 잠시 버티고 참아내면 지금까지 살

아온 익숙한 시대로 되돌아갈 것이라는 기대는 거의 시대착오
적이라는 것이 일반적인 생각이다. 지금부터는 이전과는 다른
새로운 시대를 살아가야 한다. 많은 학자는 이번 사태로 문명
사적 변화가 일어날 것이라고 장담한다. 어떤 학자는 신인류
시대라는 말로 코로나바이러스 사태로 말미암아 도래할 미래
시대의 혁명적 변화를 지칭하기도 한다.

2. 팬데믹 시대의 후유증 – 멘탈데믹(Mental-Demic)

코로나바이러스 사태로 인한 비정상적인 현상들은 필연적으로
사회 심리적 병리 현상들을 초래한다. 팬데믹이 가져온 외상증
후군인 셈이다. 절망감, 좌절감, 무력감, 고립감, 유기감, 상실
감, 불안감, 두려움, 자포자기, 자기중심성, 외로움, 우울증,
이유를 모를 분통, 통제할 수 없는 분노 등등이다. 이것은 다름
아닌 심리적 공황상태이다. 코로나 블루(blue)라는 말로 집약되
는 이러한 현상들이 점점 더 깊어지고 보편화되어 전반적인 삶
의 풍토가 되면 이 사회의 심각한 문제가 될 수밖에 없다. 사실
사회심리 혹은 경제나 경영에 관심을 두는 사람들은 이미 정신
을 뜻하는 멘탈(mental)과 감염병의 광범위한 확산을 의미하는
팬데믹(pandemic)을 조합하여 멘탈데믹(mentaldemic) 이라는 신

조어로 코로나19 사태 이후 닥쳐올 사회적 심리 현상을 예측하고 있다. 그런데 이러한 멘탈데믹 현상은 잠시만 참고 버티면 사라져 다시 이전의 정상으로 돌아가는 것이 아니라는 데에 코로나바이러스보다 훨씬 더 큰 무서움이 있다. 코로나바이러스는 머지않아 퇴치될 것이다. 그러나 코로나바이러스 사태가 이 사회에 몰고온 심리적 병리 현상은 계속 살아남아 우리의 생활 전반을 지배하게 될 것이다. 이 사회에서 사람이 살아가는 풍토가 되고, 문화가 될 것이다. 사실, 앞에서 열거한 다양한 심리적 병리 현상은 언제나 어느 사회에나 있었다. 그러나 지금까지는 그러한 현상이 개인의 문제나 불우한 몇몇 사람들의 지엽적인 문제였다. 혹은 어느 특정 지역에서 일어난 문제이며, 그 책임은 각 개인의 문제로 다루어졌다. 그리고 얼마간의 시간이 지나면서 잠잠해지고 일상은 다시 평상의 삶으로 되돌아가곤 하였다. 사회 전반에 걸친 보편적이고 지속적인 현상은 아니었다. 그러나 코로나바이러스 사태로 말미암아 조성되는 뉴-노멀 시대의 멘탈데믹 현상은 그 문제들이 개인이 아니라 사회 전반에 걸친 보편적인 현상이 되고 한 사회의 삶의 방식이 될 것이라는 데에 문제의 심각성과 사회적 두려움이 있다. 그것은 마치 이 사회의 풍토병처럼 자리를 잡을 염려도 있다. 이것은 앞으로 코로나바이러스보다 더 무서운 이 사회의 바이러스가 될 가능성이 크다.

　팬데믹으로 불리는 코로나바이러스 사태에 대응하기 위하
여 방역이라는 이름으로 동원된 모든 지침이나 처신의 핵심은
한 마디로 거리두기이다. 사람과 사람 사이의 접촉을 최대한
끊고 사는 것이다. 거리두기에 초점이 맞추어진 이 모든 방역
지침을 충실하게 지키다 보면 우리는 결국 비인간화된 여건 속
에 던져진 자신을 발견하게 된다. 떨어져 있어야 하고, 만나지
않아야 하고, 혼자 있어야 하고, 식탁에서 대화하지 않아야 하
고, 서로 신체적 접촉을 하지 않아야 하고, 사람들이 모인 곳에
가지 않아야 하고, 수업은 집에서 온라인으로 모니터를 통하여
진행해야 하고, 여섯 살 꼬마는 어린이집에서 친구에게 감염당
할 위험 없이 안전하게 혼자 놀기 위하여 함께 놀 인형을 필수
적으로 지참하고 등원해야 한다. 인간이 인간 없이 살아야 한
다. 그런데 생명의 안전을 위한 거리두기 안전장치들이 급기야
초래한 심리적, 정신적 공황 상태의 멘탈데믹 상황을 살아가면
서 인간이 경험하는 핵심 정서도 결국 비인간화의 문제다. 후
에 언급하겠지만, 그러므로 멘탈데믹의 사회 심리적 병리 현상
에 대한 대응책의 개발도 어떻게 하면 인간화를 성취할 것인가
에 초점을 맞추어야 한다.

3. 뉴-노멀 시대의 생존을 위한 IMS 3종 백신

코로나바이러스 사태로 유발된 뉴-노멀 시대를 살아가기 위해
서는 모든 사람이 각각 세 종류의 능력을 갖추어야만 한다.
뉴-노멀 시대의 생존 백신인 셈이다.

1) Immunity(면역력)

바이러스의 팬데믹 상황에서 사회적 방역과 함께 결정적으
로 중요한 것은 각 개인의 면역력(Immunity)이다. 나란히 앉아
있었는데 한 사람은 바이러스 양성 판정을, 옆 사람은 음성 판
정을 받는다. 어느 지역이 모두 안전하거나 모두 위험한 것이
아니다. 각 개인의 면역력이 관건이다. 그러므로 팬데믹 상황
에서는 무엇보다도 각 개인이 스스로 면역력을 키워야 한다.
이것은 각 개인의 생물학적 능력이다. 면역력이 없으면 생명을
보존하기 위하여 이동하지 말고 한 곳에 격리되어 있어야 한
다. 정상적인 생활에 치명적인 장애를 겪게 된다. 고용량 비타
민 치료에 대한 수요가 급증하여 비타민 품귀 현상이 빚어지는
것도 개인의 면역력 증강에 관한 관심에서 일어난 결과이다.

2) Mentality(정신력)

코로나 사태가 초래한 전사회적, 전국민적 심리적 공황 상태인 멘탈데믹 상황에서 결정적으로 중요한 것은 정신력이다. 멘탈데믹의 뉴-노멀 시대에는 면역력을 갖추어 바이러스에 감염되지 않는다고 하여 삶의 안전과 평안이 보장되지는 않는다. 코로나바이러스 백신이 만들어지고 바이러스를 퇴치한 이후에도 우리의 삶은 다른 차원에서 오히려 더 불안하고 위험한 삶의 상황에서 살아가야 할 것이다. 멘탈데믹의 상황에서는 어떤 심리적 병리 현상에서도 그 영향에 사로잡혀 넘어지지 않을 정신력(Mentality)을 갖추어야 한다. 팬데믹에서는 바이러스 방역과 바이러스 백신이 필요했다면, 멘탈데믹에서는 심리방역과 정신력 백신이 필요하다. 사실 경제 산업 상업 심리 등 사회의 각 분야에서 이미 이 문제를 인식하고 다양한 방식의 대비책을 내놓고 있다. 명상앱이나 정신건강 어플리케이션의 개발이 활발하게 개발뿐 아니라 마음의 평안을 주는 자연의 소리나 음악 등을 조합하여 제공하는 소위 사운드 디자인이라는 분야가 활발히 일어나고 있다. 모두 정신 심리적 공황상태에서 벗어나거나, 그 상태를 잊거나, 빠져들지 않기 위한 심리적 장치들이라고 할 수 있다.

뉴 노멀 시대의 교회와 목회

3) Spirituality(영력)

그러나 바이러스 감염 위험을 면역력으로 이기고, 멘탈데믹을 정신력으로 극복하였다 하여 인간으로서 삶의 문제가 다 극복되는 것은 아니다. 건강한 체력과 불굴의 정신력만 갖추면 사람은 살아갈 수 있는 것이 아니다. 생물학적 생명이 보존되고, 정신적 평안이 확보되면 아무런 고민 없이 살아갈 수 있는 존재가 아니다. 사는 의미와 가치와 보람을 누릴 수 있고, 미래와 영원에 대한 소망과 기대를 가질 수 있어야 한다. 인간다움을 넘어 영적인 차원을 확인할 수 있어야 한다. 영력(Spirituality)을 갖추어야 하는 것이다. 사람은 하나님의 형상으로 지어진 영적인 존재이다. 하나님과의 관계를 확인하고 그것으로부터 오는 능력과 가치관과 소망을 소유해야 한다. 사도 바울이 괴로움 가운데서도 기뻐하고, 죽음을 놓고도 오히려 승리의 노래를 부르는 것은 하나님에 대한 확신 그리고 그분과의 관계에 근거한 자기 인식에서 온 영적 능력이었다. 영력은 달리 말하면 제대로 된 신앙에서 얻는 능력이다. 이것은 신앙인, 교회와 목회자의 전문분야이다. 여기에 교회와 신앙이 감당하고 기여할 역할의 틈새가 있다.

멘탈데믹 상황에서 영력을 기르는 우선적 핵심은 하나님과의 친밀감과 친근감을 확인하고 경험하고 의존하는 데에 초점이 맞추어져 수행될 수 있다. 이것은 예수님의 방법이기도 하다. 예수님이 고별 설교에서 근심에 빠진 제자들에게 하신 첫 마디는 결국 하나님, 그리고 예수님과의 동행을 믿고 확인하고 붙잡으라는 것이었다. 고별설교 마지막 마디에 예수님 자신의 경우를 토로하면서 보여주신 것도 하나님과의 동행을 확인하고 누리면서 자신이 당한 버려짐과 근심의 문제를 해결하는 모습이었다. "너희는 마음에 근심하지 말라 하나님을 믿으니 또 나를 믿으라"(요 14:1). 그 믿음의 핵심은 구체적으로 하나님과의 동행을 믿고 확신하고 붙잡으라는 뜻임을 확인시켜주었다. "내 아버지 집에 거할 곳이 많도다 그렇지 않으면 너희에게 일렀으리라 내가 너희를 위하여 거처를 예비하러 가노니 가서 너희를 위하여 거처를 예비하면 내가 다시 와서 너희를 내게로 영접하여 나 있는 곳에 너희도 있게 하리라"(요 14:2-3). 그리고 고별설교 마지막에 가서는 예수님 자신이 그렇게 하고 있음을 스스로 보여주셨다. "보라 너희가 다 각각 제 곳으로 흩어지고 나를 혼자 둘 때가 오나니 벌써 왔도다 그러나 내가 혼자 있는 것이 아니라 아버지께서 나와 함께 계시느니라 이것을 너희에게 이르는 것은 너희로 내 안에서 평안을 누리게 하려 함이라 세상에서는 너희가 환난을 당하나 담대하라 내가 세상을 이기

었노라"(요 16:32-33).

코로나바이러스 백신 개발은 과학자와 의료인들의 책임이지만, 사회적 병리 현상(팬데믹)의 백신으로서 영력의 개발은 우리 신학자와 목회자들, 그리고 교회의 몫이 더 크다. 신학자와 교회 그리고 목회자들이 멘탈데믹이 구체적 사건으로 실현되기 전에 이 문제를 다루는 방안을 모색해내지 않으면 이 사회는 무섭고 매정하고 철저하게 비인간화된 병든 세상으로 변해갈 것은 불 보듯 뻔하다.

4. 교회가 처한 상황과 대응

1) 뉴-노멀의 현실 수용

코로나바이러스 사태로 뉴-노멀 시대가 열리고 있고 이러한 현상의 시대적 징조가 하나님께서 역사 진행의 방향을 바꾸어 사회와 교회의 새로운 판을 짜시려는 것이라 분별하였다면, 이제 그 분별에 맞는 처신을 해야 한다. 신자요, 신학자요, 그리고 목회자로서 해야 할 일은 그 새로운 판에 부응하는 변혁과 적응을 이루어내는 것이다. 만약 지금의 비정상적인 상태를 속히 극복하여 이전의 정상적인 상태로 회복해야 한다는 전제로 처신한다면, 그것은 하나님의 역사 진행에 정면으로 맞서는 것이 될 것이다. 지금의 비정상이 지나가고 이전의 정상이 다시 회복되는 방식의 역사는 기대할 수 없다. 지금의 비정상이 새로운 정상이 된다는 것이 우리의 분별이기 때문이다. 이 시대를 극복하고 이전의 시대를 다시 회복하는 것이 아니다. 지금의 비정상적인 상태를 새로운 정상으로 알고 그 현실을 살아내는 처신을 해야 한다. 요나의 바다에 하나님께서 던진 풍랑과 바람은 배 안의 짐을 바다에 내던져 극복하거나, 선원들이 일심 단결하여 더욱 힘써 노를 저어서 극복하여, 바람이 없던 이전의 바다를 회복하는 것이 아니었다. 오히려 생명의 위협을 느끼는 대풍의 바다를 살아감으로 처신해야 하는 것이었다.

2) 시각의 변화와 창의적 변신

예를 들어, 온라인 예배에 익숙해진 교인들이 여전히 교회로 모이게 하고, 다른 교회 온라인 예배로 옮겨가지 못하게 하는 기발하고 창의적인 프로그램을 개발하는 것도 중요하다. 그러나 뉴-노멀 시대에는 출석 교인이 줄어들고 헌금도 줄어드는 것이 기정사실일 수밖에 없다. 아무리 창의적이고 효과적인 프로그램이나 장치를 개발하여도 이 문제를 전적으로 해결하는 것은 불가능하다. 그보다 훨씬 더 중요한 것은, 코로나 사태로 인한 문제만 해결하면 교회가 예전으로 다시 회복된다는 전제를 버리는 것이다. 그리고 시선을 바꾸어서 교회를 보는 것이다. 그러면 그것이 전부가 아니며 이전에 보지 못한 사실을 발견하게 된다. 교회 안에 진정한 예배 회복을 열망하고 그렇게 변화되는 소수의 예배자가 나타나고 있는 현상을 발견하게 되는 것이다. 시편 137편에서 포로 된 이방 땅 바벨론의 강가에서 예배를 빼앗긴 자들이 서럽게 통곡하며 자기를 저주하면서까지 예배자로의 회복을 결단했던 모습들을 뉴-노멀 시대의 한국교회 안에서도 보게 된 것이다. 그러므로 교회 밖으로 이탈하는 교인들에 대한 대책 못지않게 중요한 것은 예배드리는 교인들의 수가 현격히 줄어들지라도 이제 예배다운 예배를 드리고 진정한 예배를 회복하는 데로 나가는 것이다. 실제로 이전까지 몰랐거나 소홀했던 예배의 귀중함과 명예로움을 새삼스럽게 체험하면서 진정한 예배자의 모습에 몰입하는 신자들이 교회 안에 점점 나타나고 있는 것이 사실이다. 출석 교인이나 헌금이 줄어드는 것은 이제부터 우리가 걸머져야 할 짐이고 고난일 수 있다. 그러나 뉴-노멀 시대야말로 하나님이 찾으시는 "신령과 진리로 드리는 참예배자"들을 기르고 세우는 기회가 되기도 할 것이다. 하나님은 그렇게 교회의 판을 새로 짜려 하시는 것이다. 위기는 언제나 또 다른 기회이다. 하나님은 결코 실패하는 법이 없으시다는 것은 언제나 진리이다. 한국교회는 어느 편에 발을 딛고 갈 것인가를 이제 결정해야 한다. 좋았던 이전 상태의 회복에 대한 미련과 집착을 벗고 이 현실이 우리에게 주는 새로운 기회와 창의적 변신의 틈새가 무엇인지 찾아내는 방식으로 대응해야 한다. 거의 모든 기독교 언론과 교회 지도자들의 화두가 한국교회에 대한 부정적이고 절망적인 타이틀 일색인 것은 매우 안타까운 현실이다. 한국교회가 맞고 있는 기회라는 관점에서 현실을 응대하는 창의적인 시각의 변화가 시급하다.

3) 뉴-노멀 시대에 대한 대비

코로나바이러스는 머지않아 퇴치될 것이다. 그러나 코로나바이러스 사태로 인한 이 사회의 병리적인 현상은 지속될 것이다. 우리들의 생활에 영향력을 행사하여 사람이 살아가는 풍토와 문화가 될 것이다. 이것은 앞으로 코로나바이러스보다 더 무서운 우리 사회의 바이러스처럼 될 가능성이 크다. 이미 근래에 20~30대 젊은 층에서 자살률이 급증하고 있다는 보도가 나오고 있다. 일반 사회에서도 사회연구가, 경제, 경영계에서는 이미 포스트 코로나를 전망하는 경향 예측들이 나오고 있고 책들도 출간되고 있다. 여러 학자와 전문가들이 코로나로 말미암은 코로나 블루가 전사회적으로 확산될 멘탈데믹(mentaldemic)에 대비해 심리방역의 중요성을 강조하기 시작하고 있다. "위로 음식(comfort food)"이라는 말로 달달하고 에너지를 공급하는 음식산업이 호기를 맞을 것으로 예측하기도 한다. 마음을 평정상태로 이끌어 주기 위한 명상앱이 출시되어 삽시간에 가입자가 20만을 넘었다는 소식이 전해지기도 한다. 미국에서는 정신건강 관리 애플리케이션이 출시되어 운영되고 있다는 소식도 있다. 자연의 소리나 긍정적 감정을 불러일으키는 음악을 조합하여 정신건강을 유지하는 데 사용하게 하려는 시도가 소위 "사운드 디자인(Sound Design)"이라는 이름으로 다양하게 이루어지고 있다. 그런가 하면 포스트 코로나 시대에 일어날 보복 소비 현상에 대한 예측과 우려를 나타내기도 한다. 그간 제약받았던 생활에 대한 보복심리 혹은 보상심리가 발동하여 소비가 급격히 증가한다는 것이다. 그런 한편 코로나바이러스 사태 이후의 보복 소비 트렌드에 맞추어 그 소비의 물결을 타고 번성할 만한 산업 아이템 마련에 나서고 있기도 한다.

이렇게 사회는 경제나 경영 사업 혹은 상업적인 안목에서 기회를 모색하고자 트렌드 예측과 기회 창출의 여러 대안을 세우고 바쁘게 움직이고 있다. 이런 상황에서 신학자와 교회 그리고 목회자들은 다른 차원과 안목에서 코로나 블루를 핵심으로 하는 멘탈데믹에 대응하기 위해 현실적이고 구체적인 방안을 모색해야 한다. "열심히 기도하면서 믿음으로 극복하고 이겨야 한다"는 말은 현 상황에 대한 적절한 대안이라 보기 어려울 것이다. 이런 지당한 말이 치열한 대비를 하지 않는 게으름과 무책임이 되지 않도록 각성해야 한다. 일반 사회보다 더 철저히 준비하지 않는다면 결과적으로는 모든 책임을 결국 하나님께로 돌리는 일과 마찬가지라고 할 수 있다. "넥스트 노멀 시대를 맞기 위해서는 연대와 협력 그리고 창조적 상상력이 준비되어 있어야 할 것"이라는 어느 학자(이준영, 코로나가 시장을 바꾼다)의 말처럼 교회 안에서도 신앙을 매개로 한 연대와 협력의 방안과 신학과 신앙의 창의적 적용 방안 그리고 프로그램들을 신속히 개발하고 운영하는 일에 힘을 쓰는 것도 필요한 대책이 될 수 있을 것이다.

하나님과 친밀함 확인하고 경험하기

예를 들어, 멘탈데믹이라는 심리적 공황 상태에서 살아가야 하는 싱도들이 평소의 말씀묵상과 기도생활의 주제를 하나님과의 친밀감을 확인하고 경험하는 것에 초점을 맞추어 수행해 나가도록 그들의 말씀 묵상과 기도 생활을 이끌어주는 것도 심리적 공황상태에 사로잡히지 않고 영적인 평안과 담력을 누리도록 하는 하나의 방책이 될 것이다. 혹은 하나님과의 동행 확인을 주제로 한 묵상과 설교 등으로 방향성이 있는 말씀생활로 이끌어가는 것도 하나의 방법이 될 것이다. 근심과 환난 가운데 빠진 시편의 시인들이 늘 하나님이 자기들과 맺고 있는 관계에 대한 확인과 선언에 집착함으로써 환난의 상황을 극복하고 있다는 사실도 주목해야 한다. "여호와는 나의 산성이요 방패시요 요새시요 구원의 뿔이시요 생명의 능력이시요 나와 함께 하는 자시요..." 예수님께서 최후의 만찬 자리에서 근심에 사로잡혀 있는 제자들에게 행하신 고별설교의 첫마디를 "너희는 마음에 근심하지 말라"고 하시면서 근심을 이기는 구체적이고 확실한 방법을 결국 하나님과의 동행을 고백하고 선언하고 확인하고 누리는 것으로 제시하셨으며, 고별설교 마지막 장면에서 제자들에게 버림받아 홀로 남겨진 자기 자신이 그렇게 그 상황을 대처하고 있음을 보여주고 있다는 사실을 다시 생각해 볼 필요가 있을 것이다.

서로 공감과 긍휼 행하기

코로나바이러스 사태로 말미암아 파생되는 모든 현상의 본질은 비인간화이다. 능률이나 성취나 소유가 아니라 인간화가 새로운 시대의 생존비결이다. 그러므로 목회자들은 인간이 인간다움을 느낄 수 없고, 누릴 수 없다는 것이 멘탈데믹의 핵심 문제라는 것을 인식하고 인간화의 회복을 염두에 둔 목회를 펼쳐나가야 한다. 뉴-노멀 시대의 인간화의 비밀은 사랑이다. 모두가 힘들고, 외롭고, 불안하고, 두렵고, 이유도 없이 분노가 치밀고, 불쑥불쑥 이제는 그만 살고 싶어지는 이런 상황에서 그 사랑의 핵심은 체휼이다. 체휼의 구체적인 내용은 공감과 긍휼이다. 공감은 단순한 동정심이 아니라, 동일화의 감정이다. 그 사람과 같은 심정, 같은 처지가 되는 것이다. 긍휼은 자기희생을 동반한 나눔이다. 자기의 희생으로 상대방의 존재와 삶을 채워주는 나눔인 것이다. 우리는 이것을 그리스도의 성육신과 십자가의 죽으심에서 확인한다. 히브리서가 "믿음의 도리를 굳게 잡으라"고 하면서 예수께서 무엇을 하셨는가를 구체적으로 요약하여 제시한 것이 바로 그것이다. "우리에게 있는 대제사장은 우리 연약함을 체휼하지 아니하는 자가 아니요 모든 일에 우리와 한결같이 시험을 받은 자로되 죄는 없으시니라"(히 4:15, 개역). 이 말씀을 다른 성경들은 이렇게 번역하기도 하였다. "우리에게 계신 대제사장은 우리의 연약함의 감정을 몸소 느끼지 못하시는 분이 아니요 모든 점에서 우리와 똑같이 시험을 받으시되 죄는 없으신 분이시니라"(히 4:15, 킹흠정). 핵심은 분명하다. 예수 그리스도께서 우리가 느끼는 것을 똑같이 느끼

뉴 노멀 시대의 교회와 목회

시고 우리의 처지가 되셨다는 것, 그리고 우리가 당해야 하는 일들을 똑같이 당하셨다는 것이다. 그래서 다른 사람들이 보면 모두 예수는 죄를 지어서 죄값을 치루고 있다고 밖에 말할 수 없는 상황이었다는 것이다. 그러므로 마지막에 "그러나 죄는 없으시다"고 못을 박아야만 했던 것이다. 이것을 히브리서는 예수 그리스도의 체휼이라고 말하는 것이다. 예수님의 처신은 그 분만의 유일무이한 구속사적인 사건의 성취임과 동시에 우리도 그렇게 하라는 모범의 이중적 성격을 가지고 있음을 알아야 한다.

그러므로 목회자는 목회방침이나 프로그램이나 행사를 비롯한 교회 안에서 행하는 사역들을 교회 안에 그리고 교인들 사이에 공감과 긍휼을 구현하고 조성하려는 데 근본 의도를 맞추어 기획하고 진행하는 것이 좋을 것이다. 고립감, 우울증, 무력감, 좌절감, 분노 등의 심리가 핵심인 멘탈데믹 상황에서는 무엇보다도 공감과 긍휼이 상황을 살아가는 중요한 방안일 수 있다. 이런 점에서 교회 안에서 서로에 대한 공감과 긍휼을 행하는 사역을 강조하고 실천하여 서로가 서로에게 위로가 되고 격려가 되고 심리적 안정감을 경험하게 하는 다양한 대책을 강구하는 것이 효과적일 수 있다.

이러한 공감과 긍휼을 통한 연대감을 확보하고, 인간으로 사는 느낌을 조성하고 누리게 하는 것은 다양한 영역에서 가능하다. 경제적인 안목에서 사회적인 관점에서 혹은 심리학적 관점 등 다양한 영역에서 그리고 사회운동의 일환으로도 시도할 수 있을 것이다. 그러나 영적이고 신앙적인 차원에서 우리가 공감과 긍휼을 강조하고 실천하는 근거는 하나님으로부터 찾아서 제시해야 한다. 이런 점에서 공감을 주제로 하거나 긍휼을 주제로 한 시리즈 설교 등을 수행하고 교회 행사나 프로그램 등에 이러한 성격을 부여하고 부각시켜서 진행하는 것도 효과적인 방법일 수 있다. 코로나바이러스 사태로 말미암아 닥쳐오는 신인류 시대의 관건은 어떻게 서로 공감형 인간으로 역할을 할 것인가에 있다는 한 학자의 말에 교회도 귀를 기울일 필요가 있다. (cf. 최배근, 『호모 엠파티쿠스가 온다』, 21세기북스, 2020.)

V. 뉴-노멀New-Normal 시대의 목회

뉴-노멀 시대가 교회와 목회에 던지는 궁극적 요구

뉴-노멀 시대가 교회와 목회자들에게 내놓는 핵심적인 요구를 두 가지로 요약할 수 있다. 첫째는 본질로 돌아가라는 것이다. 본질로 돌아간다는 것은 하나님께로 돌아간다는 것이다. 그리고 하나님께로 돌아가는 구체적인 실천은 하나님의 말씀으로 돌아간다는 것이다. 그런 점에서 한국교회는 이제 말씀의 시대 곧 설교의 시대가 열리고 있다. 둘째는 하나님께서 역사의 방향을 바꾸고 판을 새로 짜시겠다는 시대적 징조를 알아차리고 하나님이 짜시는 새로운 판에 맞게 모든 면에서 혁신을 이루라느 요구이다. 과거 회복이 아니라 새로운 현실에 대한 대비와 적응이 필연적인 시대가 열리고 있다. "어게인(Again)"이 아니라, "리셋(Reset)"이다. "너희는 이전 일을 기억하지 말며 옛날 일을 생각하지 말라. 보라 내가 새 일을 행하리니 이제 나타낼 것이라"(사 43:18-19). 과거를 망각하라는 말씀이 아니라, 과거에서 벗어나라는 말씀이다. 벗어나서 새롭게 펼쳐지는 새판에 부응하라는 것이다. 그러므로 그 다음 말씀은 이렇게 이어진다. "너희가 그것을 알지 못하겠느냐 반드시 내가 광야에 길을 사막에 강을 내리니 장차 들짐승 곧 승냥이와 타조도 나를 존경할 것은 내가 광야에 물을, 사막에 강들을 내어 내 백성, 내가 택한 자에게 마시게 할 것임이라. 이 백성은 내가 나를 위하여 지었나니 나를 찬송하게 하려 함이니라"(사 43:19-21).

1. 뉴-노멀 시대의 소명

1) 설교의 시대가 열리고 있다!

한국교회는 이제 설교의 시대가 열리고 있다. 한국교회는 이미 이중적으로 말씀의 시대에 직면하고 있다. 부흥기가 지나고 쇠퇴기에 접어들었다는 사실과 코로나 바이러스 사태가 그것이다. 교회가 부흥기를 지나 쇠퇴기에 이르면 성도들은 거의 본능적으로 그리고 집단적으로 하나님의 말씀을 듣고 싶은 욕구를 발산하게 된다. 한국교회는 이미 그 상황에 들어와 있다. 뿐만 아니다. 코로나 바이러스 사태가 교회 안에 만든 새로운 판짜기의 하나는 하나님의 말씀을 말하는 일에 모든 것을 걸어야 한다는 요구이다. 지난 세월 동안 효과적이고 특화되고 사람들을 끌어들이는 실질적 기능을 수행해온 다양한 프로그램들이 거의 무력화 되고 오직 예배 하나만 살아남은 것 같은 현실이 되고 말았다. 이렇게 교회의 모든 프로그램이나 모임이 무력화 되어버린 상황에서 생명의 위협을 느끼면서도 마스크를 쓰고 주일 강단 아래로 성도들이 모이고 있다. 평소에 드린 예배와는 생소하고 어색하기만 한데도 주일 그 시간이면 가족이 모니터 주위에 둘러앉아 가정에서 온라인 예배를 드리고 있다. 많은 신자들이 인터넷 설교를 찾아 여기저기, 이 사람 저 사람의 설교를 기웃거리며 방황하고 있다. 이유는 한 가지이다. 하나님의 말씀을 듣고 싶은 것이다. 각양의 필요를 충족시켜주는 기능적 프로그램이나 실용적 행사 대신 "살아 있고 항상 있는 하나님의 말씀"을 내놓으라는 요구 앞에 목회자들이 서 있다. 이제 "세세토록 있는 하나님의 말씀"을 말해달라는 요구이다. 이 요구에 부응하지 않는 설교자는 성도들에게 거부당하게 될 것이다.

2) 새로운 기회의 시대가 열리고 있다!

근래에 우리가 접하는 거의 모든 기독교언론의 기사나 교계 지도자들의 입장을 드러내는 글들의 표제는 부정적이거나 절망적이었다. 한국교회가 처한 상황을 기회라는 관점에서 논리를 풀어가는 입장을 접하는 것은 과문한 탓인지 알 수 없으나 거의 찾아볼 수 없다. 그러나 하나님의 절대주권과 선하신 결과로 이끄는 하나님의 역사 진행을 믿는 신앙인들이라면 그것이 전부일 수 없다. 우리가 직면하고 있는 현실은 위기상황인 것이 분명하지만, 동시에 새로운 기회라는 사실을 기억해야 한다. 부정적이고 절망적인 결론을 내리는 입장을 취하면 이어지는 다음 내용은 자명해진다. 왜 이렇게 되었는가, 누구의 잘못인가를 화두 삼아 책임소재를 따지고 어떻게 이 문제를 해결할 것인지 해결책을 강구하는 일에 몰입하게 된다. 그러나 지금은 우리에게 주어진 기회라는 입장을 취하게 되면, 이 상황은 우리에게 어떤 기회인가, 어떻게 하면 이 기회를 붙잡을 수 있을 것인가에 몰입하게 될 것이다. 이러한 사태가 무슨 새로운 판을 만들어 낼 것인가, 어떠한 기회를 우리에게 부여하고 있는가라는 신앙인의 안목으로 현상을 대하는 것이 책임 규명보다 더 중요하다. 그러면 어떻게 그러한 기회에 부응할 것인가를 묻는 것이 우리 논의의 중요한 내용이 될 것이다. 그리고 새롭고 창의적인 다양한 방안들이 제시 될 것이고, 그것이 우리 목회와 신학의 발전의 계기가 되기도 할 것이다.

"여러 사람들이 잘못 말하는 것처럼, 한국교회는 망하고 있는 것이 아닙니다. 한국교회는 끝나가고 있는 것이 아닙니다. 부흥기를 끝내고 이제 망해가고 있는 것이 아닙니다. 부흥기를 통과하고 나와 이제 다른 단계로 인도받고 있습니다. 한국교회는 지금 하나님께로부터 절호의 기회를 부여받고 있습니다. 목사가 목사다워지고, 신자가 신자다워지고, 그리하여 교회가 교회다워지는 절호의 기회를 부여받고 있습니다. 하나님께서는 이 기회를 놓치지 말고 붙잡으라고 지금 한국교회를 벼랑 끝으로 내몰고 계시는 것입니다." 필자의 합신 총장 취임사의 첫 마디였다. 코로나 바이러스 사태로 말미암아 뉴−노멀 시대를 맞으면서 이 생각은 더 확고해지고 있다.

새로운 기회가 우리에게 내놓는 핵심요구는 이제 하나님이 새롭게 짜시는 새로운 판을 알아차리고 그에 걸맞게 우리 자신과 목회와 교회를 새롭게 혁신하라는 것이다. 좋았던 지난 시절, 당연히 그런 것이라고 여겼던 고정관념과 굳어진 틀을 과감히 혁신하며 하나님이 조성하시는 새로운 판에 부응하라는 것이다. 그것은 고통과 고난을 수반할 것이다. 낯설고 불편하고 힘든 새로운 현상에 적응하고 나를 맞추는 것이 고통이다. 그것이 세월을 흐르며 계속되는 일상의 삶으로 살아야 하는 것은 고난이다. 그러나 고통과 고난을 명예로 알고 감당하기로 작정하고 나면 그 다음은 모두 쉬워질 수 있고, 즐거워질 수 있다. 뉴-노멀 시대는 우리에게 명예와 영광, 보람 등에 대하여 진정한 성경적 가치관을 갖도록 요구하고 있다.

2. 뉴-노멀 시대의 목회자

목회를 수행하는 결정적인 방편이 무엇인가라는 관점에서 보면 뉴-노멀 시대의 목회는 말씀목회이다. 말씀 목회를 어떤 방식으로 수행할 것인가라는 관점에서 보면 뉴-노멀 시대의 목회는 성도에 대한 공감목회가 필수라는 결론에 이르게 된다. 그러므로 뉴-노멀 시대의 목회자는 말씀목회 전문가요 공감목회 전문가가 되어야만 한다.

1) 말씀목회 전문가

(1) 뉴-노멀 시대의 목회는 더 이상 주특기 목회가 아니라 말씀목회의 시대다. 그러므로 목회자는 무엇보다도 말씀목회 전문가가 되어야 한다.

(2) 사람들을 끌어 모으기 위한 흡인력 있는 다양하고 경영

효율성 있는 효과적인 프로그램과 이벤트 기획에 몰입하는 것을 버리고, 제대로 된 신자를 길러내기 위한 효과적인 말씀 사역의 틈새를 발굴해 내는 일에 몰입해야 한다. 뉴-노멀 시대의 설교를 위한 청중 이해의 요체는 "저들은 말씀을 듣고 싶어 한다"라는 전제이다. 이러한 현상은 설교자에게 중대한 책임을 부여한다.

(3) 지금까지는 교회를 위한 목회자의 중요한 기능이 효과적이고 흡인력 있는 다양한 프로그램을 교회 안에서 운영하는 것이었다. 기획력, 프로그램 운용 능력, 다재다능한 재능, 팔방미인 등이 능력 있는 목회자상(像) 이었다. 그러나 뉴-노멀 시대의 목회자는 한 가지 일, 곧 말씀 사역(설교사역)에 있어서는 교인들에게 특별한 인정과 신뢰를 받는 전문가여야 한다.

(4) 목회자는 많은 역할 가운데 설교자의 역할도 겸하여 맡은 사람이 아니다. 설교자는 설교 전문가(professional)로 말씀을 들고 서야 할 책임을 가진 사람이다. 그는 설교에 있어서는 아마추어가 아니라 프로가 되어야 한다. 지금까지는 여러 면에서 다재다능한 목회자였다면 이제는 말씀 사역이라는 한 가지 방면을 전문적이고 집중력 있게 수행해야 한다. 그뿐만 아니라

말씀 사역을 계층과 상황과 영역에 따라 전문성 있고 효과를 극대화하는 방식으로 수행해내는 능력을 갖추어야 한다. 뉴-노멀 시대의 목회자는 다양한 프로그램을 기획하고 개발하느라 분주하지 말고, 설교사역/말씀 사역 한 가지를 어떻게 상황에 따라, 대상에 따라, 여건에 따라 최적의 맞춤 설교로 수행할 것인지를 연구하고 고민하고 수행하는 일로 분주해야 한다. 그것이 자신의 모든 생활이나 사역의 최우선 순위요 최고의 가치가 되어야 한다.

(5) 강단에서 행하거나 그룹에서 가르치는 자기 자신의 설교만이 아니라, 말씀의 일상화를 실현하기 위한 목회방침과 말씀이 최우선인 교회 분위기 조성과 교회체질을 개발해야 한다. 실례하나를 들어보고자 한다. 작은 규모의 세 교회에서 진행하는 성경경시대회 성경읽기가 혹시 참고가 될 듯하여 이곳에 공개한다. 이 프로그램은 성도들이 성경 전체를 읽도록 지원하고자 하는 장로님 기업가 한분의 지원을 받아 행하고 있다. 11개월 동안 신약성경 전체를 읽도록 월별로 범위가 짜여진 일정표에 따라 성경을 읽고 월말에 성경경시대회를 진행하는 방식이다. 먼저 교인들을 설득하여 교회의 성경경시대회 참가 신청을 받아 그룹을 형성한다. 경시대회 문제는 주로 성경구절 괄호

넣기 방식으로 출제하여 최대한 여러 번 주어진 성경을 읽도록 유도한다. 경험에 비추어 볼 때, 관심 있는 사람은 주어진 범위를 10-20회 이상 읽게 된다. 그리고 담임 목사는 해당 월에 주어진 성경책을 본문 삼아 4회에 걸쳐 주일 오후 예배 등에 전교인에게 설교를 하여 그 책에 대한 관심을 불러일으킬 뿐 아니라, 참가자를 격려하고, 교회 전체에 성경읽기의 분위기를 조성한다. 경시대회 결과에 따라 상금 등 시상을 하여 격려한다. 신약읽기가 끝나면 25개월에 걸친 구약읽기 경시대회 일정이 짜여져 있어서 성경읽기 경시대회를 계속 이어갈 수 있다.

담임목사가 인도하는 성경사경회를 진행하는 것도 하나의 방안이 될 수 있다. 우선 그동안 진행해 왔던 특별기도회나 특별집회 등 다양한 이벤트성 행사들을 성경사경회로 바꾸는 것이다. 그리고 저명한 강사를 초청하여 사경회를 진행하지 않고 담임목회자가 직접 인도한다. 성도들은 외부에서 온 손님 강사에게 말씀을 들으며 은혜를 받고, 담임 목사는 강사 접대와 교인 동원에 전념하는 것은 좋지 않다. 교인들이 은혜를 받도록 한 강사는 집회 끝나고 돌아가 버리고, 목회는 여전히 담임목사가 책임져야 하는 것은 여러 면에서 효과적이지도 않다. 물론 그렇지 않아도 설교의 횟수가 지나치게 많은 담임목사가 성경사경회까지 인도한다는 것은 물리적으로 불가능할 수도 있다. 그러나 담임목사들이 그룹을 지어 한 책을 정하여 함께 연구하며 설교준비를 한 다음 각 교회에서 동일한 내용으로 각각 적합한 시기를 정하여 사경회를 열수도 있다. 담임목사가 직접 인도한다는 점에서 교인들 사이에 새로운 분위기가 조성될 수도 있다. 사실, 설교자하우스에서 성경사경회를 직접 인도하고자 하는 담임목회자들을 위하여 성경사경회를 함께 준비하는 프로그램을 계획하고 있기도 하다.

2) 공감과 긍휼목회 전문가

팬데믹이 초래한 뉴-노멀 시대의 핵심 문제는 결국 비인간화의 문제이다. 거리두기로 요약되는 코로나 바이러스의 방역 지침의 핵심은 결국 비인간화이다. 만나지 말고, 말하지 말고, 함께 있지 말고.... 멘탈데믹으로 요약되는 심리적 공황상태의 핵심문제도 결국 비인간화이다. 좌절감, 유기감, 고립감, 분노.... 이 모든 상황에서 우리가 경험하는 고통은 사람 사는 것 같지도, 심지어 사람 같지도 않다는 감정이 아닌가? 뉴-노멀 시대의 목회자는 현장에서 직면해야 하는 대상인 교인들과 그들이 처한 사회적 상황의 근본적이고 공통적인 문제가 바로 비인간화되어버린 상태로부터 겪는 공황 상태요 고통이라는 사실을 충분히 인식해야 한다. 그러므로 목회자는 목회의 대상인 교인들에게 무엇보다도 공감형 목회자이어야 한다는 것은 필연적이다. 미래사회의 인간은 공감형 인간이어야 하며, 미래의 시대는 공감형 지도자를 절대적으로 요구한다는 사실을 인식해야 한다. 목회 현장에서 교인들을 대할 때 무엇보다도 공감형 목회자가 되는 일로부터 목회 사역이 시작되어야 한다. 목회자는 말씀 목회 전문가임과 동시에 공감형 전문가가 되어야한다. 말씀의 사람임과 동시에 공감의 사람이어야 한다. 다른 말로 하면, 무엇보다도 본인이 먼저 인간적이어야 하고, 인간적인 분위기를 조성하며, 인간적인 관계를 맺을 수 있어야 한다. 공감은 긍휼로 이어진다. 이미 앞에서 강조한 바와 같이 공감은 동일화의 감정이라면 긍휼은 자기를 희생하여 상대방의 존재와 삶을 채워주는 나눔이다. 뉴-노멀 시대의 목회자는 자신이 공감과 긍휼의 사람이어야 할 뿐 아이라, 목회의 방침과 교회의 분위기를 그렇게 조성할 수 있어야 한다. 그리하여 성도들이 서로서로 공감과 긍휼의 사람으로 살도록 이끄는 전문가이어야 한다.

3. 뉴노멀 시대의 현장 설교와 온라인 설교

대면 예배의 현장 설교와 비대면 예배의 온라인 설교는 형태는 다르나 같은 예배라는 본질적인 공통점을 가진다. 그러나 대상이나 환경이나 상황 등에서 전혀 다른 특성을 갖는다는 점을 간과해서도 안된다. 앞으로는 목회자들이 원하는가 원하지 않는가와 상관없이 온라인 예배는 예배의 한 양상으로 기정사실화 될 가능성이 많다. 온라인 예배의 독자적이고 고유한 성격을 확보하게 될 것이다. 이런 점에서 볼 때 온라인 설교를 수행하는 목회자가 기억해야 할 사항들이 있다.

1) 온라인 예배를 수행할 수밖에 없는 상황이면, 가능하면 온라인 예배는 없애야 하고, 최대한 현장 예배로 나오도록 유도해야 한다는 것을 기본정책으로 삼지 말아야 한다. 온라인 예배는 성도들을 대면예배에 나오게 하는 데 큰 장애물이며, 그러므로 가능한 한 온라인 예배는 비중을 줄이거나, 아예 시행하지 않는 것이 좋다는 생각은 바람직하지도 않고 현실적이지도 않을 것이다. 온라인 예배라도 참석하는 교인마저 잃어버리는 현상이 올 수도 있다.

2) 온라인 예배를 현장예배의 부수적인 선택이거나 혹은 현장에 오지 않는 교인들을 위한 차선의 서비스라는 의식으로 진행하는 것은 삼가야 한다. 온라인 예배의 독자성을 확보하여 진행하는 것이 좋다. 현장 예배도 온라인 예배도 최선을 다하여 최대한 은혜롭게 그리고 만족도 높게 그리고 완성도와 독자성이 인정받게 하려는 것을 기본정책으로 삼고 진행해야 한다.

3) 현장 예배와 온라인 예배가 각각 독자적 성격과 스타일을 갖게 하여 특화 혹은 독자화 하는 것이 필요하다. 현장 예배를 온라인으로도 중계하면서 "이곳에 오지 못하고 각 가정에서 예배드리는 성도님들에게도….." 하는 식의 멘트를 삼가는 것이 좋다. 차라리 현장 예배 시간과 온라인 예배 시간을 다른 시간에 갖고 온라인 예배는 온전히 교회당에 오지 못하고 흩어져 있는 교인들만을 위한 독자적 예배로 드리는 방안을 모색해보는 것도 대안이 될 수 있다. 앞에서 뉴-노멀 시대의 설교자는 설교라는 하나의 사역을 어떻게 상황과 여건과 대상에 최적화하여 수행할 것인가를 놓고 분주해야 한다고 한 것이 이러한 경우를 두고 한 말이다.

4) 인터넷 예배를 떠도는 방랑자가 되지 않고 본 교회에 소

속된 교인임을 확인할 장치를 온라인 예배에 설치해야 한다.

5) 온라인 설교는 강단 설교보다 설교 시간을 훨씬 더 짧게 하는 것이 좋다. 온라인 예배에서는 설교에 싫증을 느낀 청중이 그럼에도 자리를 떠나지 않을 장치가 전혀 없다는 점을 의식해야 한다.

6) 온라인 설교에서는 카메라를 향한 시선 집중 기법을 익혀서 화면에서 청중과 시선 접촉 효과가 더 잘 이루어지는 방안을 체득하여 구현하는 것이 좋다.

7) 온라인 설교는 그 본질이 영상설교이므로 회중 접근방식이 달라야 한다. 온라인 설교에서는 시종일관 메신저 중심의 화면 구성으로 진행하는 것이 덜 효과적일 수 있다. 온라인 설교에서는 눈앞에 보이는 것이 모니터 화면이 전부이므로 당연히 미디어 중심일 수밖에 없다. 메신저(설교자) 화면, 텍스트 화면, 이미지 화면을 효과 있게 배치하는 것이 좋을 것이다. 이를 위해서는 온라인 설교가 현장설교와는 별도로 기획되고 구성되어야 할 것이다.

8) 온라인 예배 참가자 특히 온라인에서 진행되는 다양한 프로그램에 참여하는 회원들이 정기적으로 혹은 특별한 행사로 교회당에 정기적으로 모이는 명분이나 기회를 만들어 온라인의 가상공간과 교회 현장의 연결이 실현될 기회 창출을 모색해야 한다.

4. 뉴-노멀 시대의 목회영역 - 교회 안 목회와 교회 밖 목회

뉴-노멀 시대는 교회와 목회자가 목회영역에 대한 새로운 안목을 갖출 것을 요구한다. 목회영역에 대한 안목을 넓혀야 되는 것이다. 코로나바이러스의 감염확산으로 사회 구성원들이 생명의 위험에 처한 상황에서 교회가 가장 중요한 본질인 모이는 예배를 온라인 예배로 대체하는 결단을 한 것은 교회도 이 사회의 일원으로서 교회 밖 사회가 직면하고 있는 중대한 상황에 대하여 책임을 감당해야 된다는 차원에서 이루어진 것이었다. 그리하여 온라인 예배는 목회의 또 다른 중요한 영역이 되었다. 이러한 처신은 뉴-노멀 시대 교회의 본질과 목회적 책임에 대한 이해에 새로운 장을 여는 상징적인 의미를 갖는 것이었다. 그것은 교회가 책임져야 할 중대한 일이 교회 밖에도 있으며 교회는 이 책임을 소홀히 하거나 무시할 수 없는 상황에 이르렀다는 메시지이다. 이것은 교회와 목회자들에게 목회의 영역에 대한 안목을 확장할 것을 촉구하는 큰 변화다. 교회가 사회적 책임을 걸머져야 하는 상황을 목회의 중요한 대상이요 영역으로 확장하여 인식하고 다루어야 한다는 점이다. 이것은 단순히 사회봉사나 구제 혹은 선심 차원이 아니라 그 자체를 교회가 감당해야 할 목회라는 인식 아래 행해야 한다. 교인들은 신자인 동시에 사회인으로서 사회현상과 더불어 신자의 삶을 살아간다. 그러므로 사회적 현상을 돌보는 것 또한 목회자의 일이다.

그런데 앞으로는 멘탈데믹이라 일컬어지는 정신 심리적 공황 상태로 사회 구성원들이 인간다운 삶을 살 수 없게 되는 위기 상황에 직면하게 되었다. 코로나 바이러스 사태가 몰고 온 멘탈데믹은 코로나 바이러스 보다도 더 무서운 영향력으로 이 사회를 혼란과 고통 가운데 빠뜨릴 수도 있다. 그러므로 온라인 예배로 사회적 책임을 감당한 원리와 철학으로 이 문제에 대해서도 교회가 교회로서 책임을 감당하는 것이 목회의 중요한 주제가 되었다. 교인 가운데 한 사람이 우울증이나 공황 장애 등의 고통을 경험할 때 그 교인을 돌보는 것이 목회자의 매일의 사역이고 교회의 관심과 기도의 제목이 된다. 교인이 살아가는 우리 사회가 멘탈데믹과 같은 현상이 보편화되고 있는 현실에서 그 문제를 예방하고 다루는 일은 교회의 일이요, 목회 사역의 중요한 부분이 될 수 밖에 없다.

교회가 속해 있는 사회가 직면하는 문제만이 아니다. 다른 교회들이 직면하는 문제에 대하여도 같은 차원에서 공동의 책임의식을 갖고 처신을 해야 한다. 사회에 대한 책임만이 아니라, 다른 교회들에 대한 책임을 함께 감당해야 하는 것이다. 이런 점에서 이미 여러 교회들이 연약한 다른 교회들이 뉴-노멀 시대의 상황에서 겪는 생존의 문제를 공동으로 분담하여 공적 책임을 감당하고 있는 것은 매우 고무적인 현상이다. 이제 목회의 영역이 단순히 교회 안 신자들과 교회 안에서 일어나는 일들만이 아니라, 교회 밖 사회와 다른 교회들이 직면하는 생존을 위협하는 상황들에 까지 목회라는 차원에서 다룰 것을 뉴-노멀 시대가 요구하고 있다는 사실을 인식해야 한다. 이런 점에서 교회의 공적신앙의 문제와 보편적 공교회로서의 교회 인식이 매우 중요한 시대가 되었다.

5. 새로운 판짜기와 몇 가지 제안

뉴-노멀 시대는 우리가 익숙했던 모든 것을 뒤집어 새로운 판을 짜고 있다. 미래는 예측이 불가능하게 되었고 계획은 세울 수 없거나 세웠을지라도 갑자기 취소나 변경되는 것이 정상으로 받아들여지는 임시 계획일 뿐이다. 뉴-노멀 시대가 판을 새로 짜는 시대라면, 그 판은 무엇이며, 어떻게 새롭게 짜일 것이며, 새로운 판에 부응하고 적응하여 주도하는 방안들은 무엇인가를 터득하는 것이 시급한 과제가 되었다.

1) 목회자의 획기적인 자기 변신

뉴-노멀 시대에는 목회자의 사고방식, 가치관, 세계관, 교회관과 철학 등이 하나님이 새로 판을 짜시는 의도와 현상에 부응하도록 혁신적인 변화를 이루어야 한다. 무엇이 진정한 가치와 명예인지 성경적인 안목과 목회 철학을 분명히 하고 그에 따라 당당하게 길을 가는 의기가 필수이다. 신변의 안전과 편안의 보장, 교회 성장과 다양한 사역 수행을 목회의 책임과 열매로 전제하는 전통적 목회관과 교회관에서 획기적으로 사고의 전환을 이루어야 한다. 이 시대에 대한 분별과 하나님이 새롭게 짜시는 새로운 판과 진행하시고자 하는 역사에 대한 안목으로 그에 걸맞게 살아가는 것이 진정한 명예요 영광이며, 그 길을 가느라 겪는 고생과 고난 등은 오히려 자랑이요, 능력이라는 자기의식을 가져야 한다. 주눅 들지 않고, 실패와 좌절감에 얽매이지 않고, 그 길을 가는 어느 길목에선가 얼굴과 얼굴로 주님을 뵙는 것이 큰 영광이요 명예라는 의식을 갖고 자랑스럽게 뚜벅뚜벅 걸어가야 한다. 자신의 개념이나 전통적인 틀을 고정수로 놓고 그것에 안 맞아 돌아가는 현실 상황을 바꾸어보려고 하는 것은 당분간은 무모할 뿐이다. 상황을 고정수로 놓고 그에 대하여 우리가 할 수 있는 창의적이고 신선한 새로운 일들을 개척하고 갱신하는 것을 지향하며 나아가야 한다.

2)『신학하기』의 태도 변화

코로나바이러스 사태에서 온라인 예배의 가능성에 대한 다수의 신학자들과 목회자들의 태도 혹은 논란의 주제는 우리에게 많은 생각을 하게 하였다. 대부분 예배론에 근거하여 볼 때 온라인 예배는 정당한가 아닌가, 온라인 예배는 우리의 신학적 입장에서 볼 때 가능한가, 불가능한가를 따지는 방식으로 이 문제를 접근하는 경우를 여러 번 목격하였다. 일부에서는 순교적 신앙의 보존 차원에서 어떤 경우에도 모이는 예배를 드려야 된다는 입장을 취하기도 하였다.

그러나 우리가 직면한 사안의 본질은 예배론의 문제가 아니라, 교회가 이전에 경험해보지 않았던 새로운 상황에 직면하였으며 그에 대한 교회의 대응책을 내어놓아야 한다는 것이었다. 그것은 바이러스의 감염으로 사회전체가 생명의 위험에 처했다는 것이고, 감염확산의 결정적 요인이 사람들이 서로 만나는 것이라는 점이다. 그러니까 사회가 직면한 생명의 위험을 피하기 위해서는 최대한 사람들이 모이지 않아야 한다는 것이다. 그런데 교회가 교회이기 위한 최우선의 본질적인 일은 예배를 드리는 것이고, 예배는 하나님의 백성이 한 곳에 모여 예배공동체를 이루어 하나님께 나아가는 것이다. 사회적 책임을 감당하기 위하여 예배공동체로 모이지 않으면 더 이상 교회가 아니고, 교회이기 위하여 예배공동체로 모이면 사회로부터 교회로 인정받을 수 없는 무책임한 집단이 될 상황에 직면한 것이다. 예배공동체로 존재하는 것과, 사회적 책임을 감당하는 것이 서로 상반되어 양립할 수 없는 상황에서 양자가 교회의 선택사항이 아니라 필수사항인 처지에 교회가 이른 것이다. 이 상황에서 우리의 물음은 교회가 어떻게 사회적 책임을 감당하면서 동시에 예배공동체로 존재할 수 있는가를 묻고 그에 대한 답을 찾는 고민을 해야 하는 것이다. 신학은 변질되어서는 안되지만, 발전하지 않아서도 안 된다. 이러한 문제가 10년 전에만 발

뉴 노멀 시대의 교회와 목회

생하였어도 우리는 속수무책이었을 것이다. 그러나 그간 이렇게나 발달한 IT 기술 덕분에 온라인 예배라는 돌파구라도 만들어 여전히 예배를 유지할 수 있게 되었다는 관점을 갖는다면 이것은 오히려 다행스러운 일이기도 하다. 온라인 예배를 인정함으로써 발생하는 후유증은 그것대로 별도의 문제로 또 다루어나가야 할 것이다. 후유증을 염려하여 이것 자체를 부정하거나 거부하는 것은 지혜로운 처사가 아니다. 뉴-노멀 시대라는 낯선 상황을 통과하면서 우리가 받는 또 하나의 도전은 우리가 신학을 하는 태도에 대한 것이다. 그 도전의 내용은 이렇게 요약될 수 있을 것이다. 우리의 신학은 이제 재진술 신학에서 적용신학으로, 정죄신학에서 대안신학으로, 소비신학에서 생산신학으로, 수습신학에서 선도신학으로, 단답형 신학에서 고민하는 신학으로 신학을 하는 태도에 획기적인 변화를 이루어야만 우리의 신학이 교회가 직면하는 현실에서 제대로 기능을 할 것이라는 도전이다.

3)『역설의 순리』에 익숙하기

부정의 현실이 역설의 순리로 이해되는 논리를 개발해야만 부정에서 긍정으로, 갈등에서 조화로, 좌절에서 새로운 가능성으로 나아가는 터전을 확보할 수 있다. 그렇지 않으면 역설의 울타리를 벗어나지 못한 채 좌절과 갈등과 무기력 속에 묻혀서 생존의 길을 잃고 방황하게 될 것이다. "넥스트 노멀 시대를 맞기 위해서는 연대와 협력 그리고 창조적 상상력이 준비되어 있어야 할 것이다."는 한 시장경제 전문가의 말은 우리 목회자들에게도 중요한 시사점을 던져준다(이준영, 『코로나가 시장을 바꾼다』). 역설적인 목회현장에서 창조적 상상력을 발동할 수 있어야 한다.

(1) 연대와 흩어짐의 역설

코로나 감염확산에서 벗어나 살아남기 위한 가장 강력한 방법은 연대이다. 나 자신이 아무리 철저하고 완벽하게 방역을 하여도 옆 사람이 함께 동조하지 않으면 소용이 없다. 우리 교회가 아무리 철저하게 방역을 하여도 옆 교회에서 관심 없으면 아무런 효과가 없다. 코로나 감염에서 자유로워지려면 모든 사회 구성원 사이의 연대가 결정적이다. 연대는 함께 모이는 것이고, 손을 잡는 것이다. 그러나 코로나바이러스 사태에서 가장 강력한 연대는 흩어지는 것이다. 서로 떨어지고, 만나지 않고, 접촉을 끊고, 따로 있는 것이다. 서로 멀리 떨어져 각각 살아가는 것이 가장 강력한 연대가 된다는 역설이 생존의 방법이다. 물리적인 흩어짐이 그저 무기력하게 거리를 벌려 관계가 소원해지는 것을 당연한 사실로 받아들여서는 안 된다. 오히려 고도의 연대임을 인식하여 흩어짐 속에서 꽃피우는 연대의 절정을 봄으로써 연대와 흩어짐의 역설을 생존의 대연합으로 읽어내는 논리를 개발해야 한다. 서울시에서 내건 현수막 "사회적 거리두기는 이웃 사랑입니다."라는 말이 떠오른다. 이웃과 거리두기는 분명히 서로 멀어지는 것인데 이것을 이웃 사랑의 표현이라 하여 이웃이 서로 거리를 두고 떨어지는 부정적 현실을 긍정의 논리로 재생산해내고 있다.

(2) 모이는 교회와 흩어진 교회의 역설

이제 대면 예배와 더불어 온라인 예배(실시간 예배)가 점점 보편화되는 추세이다. 그러므로 각 처소에서 드리는 온라인 예배에 대한 새로운 관점과 이해를 확립하는 것이 필요하다. 비록 온라인 예배가 우리가 그동안 드려왔던 대면 예배와 다른 형태일지라도 현 상황을 대비하는 새로운 형태의 예배임은 두말할 것도 없다. 온라인 예배가 보이지 않으나 함께 하는 교회임을 확인하고 실감하게 하는 장치들을 개발하여, 하나의 교회임을 성도들이 느끼고 경험할 수 있도록 해야 한다. 전면적인 비대면 예배를 드려야 하는 상황에서 서울 시내의 한 교회 주일 예배에서 설교를 한 적이 있다. 운동장 같이 넓은 교회당에 사회를 맡은 담임목사와 찬양인도팀 3명, 기도담당 장로님, 반주자와 다른 보조진행자 그리고 설교자인 나 자신이 전부였다. 강단에 서서 나는 첫 마디를 이렇게 하였다. "평소에는 성도들로 들어차던 이렇게 큰 교회당에 열 사람도 안되는 우리만 덜렁 있어서 허전합니다. 그러나 여러분 눈을 달리 떠보면 그렇지도 않습니다. 그동안 수백명의 성도들이 이 공간에 모였고, OO교회는 이 동네 여기에만 있었습니다. 그런데 오늘 아침에는 OO교회가 서울 전역에서 하나의 교회 OO교회의 이름을 달고 하나님 앞에 나아가고 있습니다. 얼마나 멋지고 아름다운 모습입니까!" 예배가 끝나자 기도순서를 맡았던 장로님이 내게 손을 내밀며, 생각해보니 과연 그렇다며 매우 감격스러워 하였다. 창조적 상상력을 발동하여 부정의 현실이 역설의 순리로 이해되는 논리를 개발해야 한다.

(3) 언택트와 소통의 역설 – 「접촉」이 아니라 「소통」의 틈새 찾기

접촉을 최대의 목적으로 삼아서 어떻게든 모이게 하는 여건 조성에 집중하던 것에서 접촉이 아니라 소통을 목적으로 한 다양한 방식과 틈새를 발굴하고 조성하는 것으로 전환해야 한다.

물리적으로 접촉이 불가능한 언택트 상태이므로 소통이 어렵다고 절망할 일이 아니다. 접촉이 불가능한 언택트 상태에서 그래도 우리는 함께 있고 서로 통하고 서로 의지가 되고 있다는 것을 느끼고 경험할 수 있도록 어떻게 소통을 이루어낼 것인가를 고민하고 그 방안을 모색해야 한다. 접촉 불가능이라는 새로운 판짜기에서 어떻게 소통으로 접촉의 효과를 성취해 낼 것인가를 고민하며 새로운 판에 부응해야 하는 것이다. 뉴-노멀 시대에서는 창조적 상상력과 창의적 발상이 필수적이다. 먼저 소통을 성취할 수 있는 여건을 확보하고 그 연장선상에서 접촉이 가능한 간헐적인 모임(Gathering)을 만들어내는 방식으로 순서를 바꾸어가야 한다. 우선 모여야 무엇이라도 할 수 있지 않겠느냐는 종래의 사고방식을, 얼굴을 못 보아도 우선 연결은 되어야 보고 싶은 마음도 생기지 않겠는가로 관점을 바꾸어야 한다. 일단 소통의 장을 조성하고 점차 익숙해지면서 한 달에 한 번 잠깐이라도 만나 차라도 한 잔씩 하기를 제안하여 접촉이 이루어지게 하는 방식으로 종전과 역순의 방향을 잡아 진행하는 것이 필요하다. 또한 연대와 흩어짐의 역설에서 흩어짐이 연대의 강력한 방식 가운데 하나로 이해하는 순리의 논리를 개발한 것과 마찬가지로 언택트인 동시에 강력한 접촉의 방식 가운데 하나로 인식하는 논리를 개발하는 것이 필요하다.

예를 들어 지금까지 전도를 실천하는 전형적인 방식은 『접촉- 복음제시- 영접』이라는데 이의가 없었다. 이러한 전도이해에 근거하면 지금은 사람을 만날 수가 없으니 전도가 불가능한 시대가 되었다. 그러나 이 상황에서 전도를 어떻게 해야 하는가를 고민하면 새로운 상황에 맞는 새로운 전도 개념이 형성될 것이고, 그 개념의 실천을 위한 창의적인 발상이 뒤따르게 될 것이다. 전도의 목적은 접촉이 아니라, 복음을 소통하는 것이다. 복음 소통은 반드시 물리적 접촉을 해야만 가능한 것은 아니다. 물리적 접촉이 불가능한 이러한 상황에서 복음을 소통하게 하는 방법은 무엇이겠는가 라는 식으로 발상을 전개하는 가운데 이 시대에 맞는 창의적인 전도개념이 형성되고 그를 실천하는 새로운 전도 방식이 개발될 수 있을 것이다. 뉴-노멀 시대에는 접촉이 아니라 소통의 틈새를 찾는 것이 필수적이다.

4) 디지털과 아날로그의 융합

뉴-노멀 시대의 핵심 과제는 비인간화가 강요되는 상황에서 어떻게 인간화의 상황을 조성할 것인가에 있다고 해도 과언이 아니다. 그렇잖아도 디지털 시대의 현대문명에서는 기계적 편리함과 속도감에서 오는 비인간화가 극대화 하고 있다. 이러한 상황에서 인간화를 회복하는 한 가지 방안은 디지털과 감각적 정서를 유발하는 아날로그의 융합을 시도하는 것이다. 사실 이어령 선생은 벌써 오래 전에 사람은 디지털 세계만으로는 사람답게 살 수 없다는 것을 간파하고 디지털과 아날로그를 합성하여 "디지로그(Digilog)"라는 용어를 창안하여 디지털과 아나로그의 융합을 인간화의 방안으로 제안하기도 하였다. 디지털 문화와 아날로그 문화는 여러 면에서 상호 대조를 이룬다.

디지털 문화	아날로그 문화
속도	느림(slow)
효율성	비효율
편리성	불편
가상공간의 접속	대면 공간(감각적/인격적) 접촉
자동화(기계가 하기)	수동(손으로 직접 하기)
비인간적(정서나 공감의 부재)	인간적(정서 공감)

아날로그에 익숙했던 사람들이 디지털 세상을 접하는 순간 환호하며 멋진 신세계를 흠모했듯이, 디지털 세계에 익숙했던 세대가 느리고 불편하고 기다려야 하는 과정을 겪으면서 오감으로 느낄 수 있고 눈으로 과정을 확인하고 감지할 수 있는 아날로그를 처음 접하며 환호한다. "오래된 것이 새로운 것으로 탄생하고 있다."(David Sax, 박상현 역 『아날로그의 반격(The Revenge of Analog)』, 서울: 어크로스, 2017.) 디지털세대에서 아날로그는 짜릿한 신세계가 되고 있다. 디지털은 짜릿한 희열을 준다면, 아날

로그는 오감을 자극하는 따뜻한 즐거움을 준다. 디지털에 익숙한 세대에게 아날로그 세계를 융합하는 것은 어떤 점에서는 비인간화의 디지털 세계에 대해 거역하는 행위라고도 할 수 있다. 실제로 디지털에 익숙한 현실에 아날로그를 융합하려는 시도는 불편과 불만을 불러일으키고 저항을 받을 수 있다. 디지털의 아날로그화는 당장은 느리고 불편하고 기다려야 하고 직접 해야 하는 등의 고통을 수반한다. 그러므로 디지털과 아날로그의 융합을 위해서는 불편함, 느림, 손수 체험의 미학을 누리는 가치관의 변화가 전제되어야 한다. 디지털에 아날로그를 융합하고자 하는 목회자는 이 융합에 대한 긍정적인 인식과 색다른 맛에 대한 호기심과 기대감을 불러일으키는 설득작업을 수행해야 한다. 다음과 같은 점을 부각시키면서 아나로그와의 융합을 설득해나갈 수 있을 것이다.

느린 것을 실패라고 생각하지 말고, 불편한 것을 고통이라고 받아들이지 말라. 사람은 편하고, 빠르고, 쉽고, 자동적이면 저절로 행복해지는 존재가 아니다. 사람은 생각해야 한다. 사람은 의미로 활력을 얻고, 보람으로 행복을 누린다. 의미도 보람도 객관적이고 과학적인 수치가 아니다. 마음속의 가치 부여이다. 그러므로 가치관과 사고방식과 자기 정체성 인식이 중요하다. 디지털화의 치명적인 폐해는 뇌의 생각하는 기능을 마비시킨다는 점이다. "생각하지 않는 사람들"이 디지털화의 치명적 폐해이다.

목회현장에서 다음과 같은 질문을 스스로 던져보면서 디지털과 아날로그의 융합의 틈새를 찾아보는 작업을 할 수 있을 것이다.

(1) 디지털 목회에 속한다고 할 수 있는 것을 예를 들어본다면 무엇인가?

(2) 아날로그 목회에 속한다고 할 수 있는 것을 예로 들어본다면 무엇인가?

(3) 디지털 목회와 아날로그 목회 융합의 실례가 될 만한 것들은 무엇이며 어떤 방식으로 융합할 수 있는가?

(4) 위와 같은 융합이 가져올 불편함 등 현실적 문제는 무엇인가?

(5) 위와 같은 융합이 가져올 단기적 혹은 장기적 유익은 무엇인가?

아래 포스터는 부천의 중동교회 청년부에서 "불편한 예배"라는 이름으로 벌인 캠페인 포스터로 디지털화된 예배에 아날로그식 예배의 융합을 시도한 좋은 예가 될 것이다.

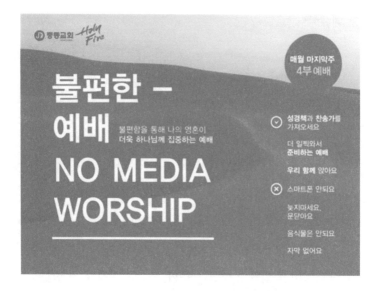

그들이 벌이는 캠페인의 핵심은 불편한 예배를 드리자는 것
이다. 그래서 제안하는 불편함은 이런 것들이다.

1) 성경책과 찬송가 가져오기

2) 더 일찍 와서 준비하는 예배드리기

3) 떨어져 앉지 말고 함께 앉아 예배드리기

4) 스마트폰 소지 않고 예배드리기

5) 늦으면 예배당 문닫기

6) 예배당에 음식물 가져오지 않기

7) 자막 띄운 스크린 없이 예배드리기

이 청년들은 한 달에 한번이라도 이런 예배를 드리자고 설득한다. 이들이 시도하는 것은 사실상 편하고 쉬운 디지털 미디어 예배가 아니라, 직접하고 불편한 아날로그 예배를 융합하려는 시도이다.

5) 교회의 공적 책임(공적 신앙)과 보편적 공교회의 실천

대사회적 책임 감당까지로 목회영역을 확장하여 실천하다 보면 뉴-노멀 시대의 교회론은 필연적으로 두 가지 요구에 직면하게 된다. 첫째는 교회는 공적인 책임을 가져야 한다는 것이다. 이것은 이미 공적신앙이라는 주제로 오래 전부터 부각되어온 문제이기도 하다. 둘째는 교회는 보편적 공교회라는 교회관의 확립과 실천이다. 교회가 공적주체로서 갖는 책임에 대한 인식과 실천, 그리고 흩어져 있는 교회들이 하나의 보편 교회라는 교회의 본질에 대한 인식과 실천의 문제라고 할 수 있다. 나 자신이 방역을 철저하게 해도 옆 사람이 방역을 하지 않으면 내가 아무리 철저하고 완벽한 개인방역을 하여도 아무런 쓸모가 없으므로 사회 전체가 연대하여 같은 수준의 방역을 해야만 함께 살아남는다는 코로나 바이러스 방역 현실에서 우리가 배우는 원리라고 할 수도 있다. 개별 교회가 아니라 여러 교회가 하나의 교회라는 이해에 근거하여 연대하고 협력해야만 한다. 월세를 지불할 수 없어서 교회를 폐쇄하게 된 작은 교회들을 다른 교회들이 부담을 분담하여 돕고 교회를 살리는 일은 이런 점에서 뉴-노멀 시대의 교회론에 충실한 새로운 판짜기의 일환이라고 할 수 있을 것이다. 교회 밖까지 확장된 목회영역은 한 교회의 능력에 따라 할 수 있으면 하고, 교회가 원치 않으면 하지 않아도 되는 선택사항이거나, 혹은 부차적인 교회의 시혜 사역 혹은 선택적 은혜 사역이 아니다. 교회 밖 목회 사역은 이제 교회면 반드시 감당해야 하는 사회적 책임으로 대두되었다. 여기서 교회의 공적책임을 위한 교회들의 연합이 필수적인 목회영역으로 등장한다. 뉴-노멀 시대의 필수적인 교회론은 공적 책임을 감당하는 보편적 공교회라는 인식과 실천일 것이다.

6) 온라인 성찬식은 가능한가? 대안은 무엇인가?

훼손할 수 없는 성찬식의 신학적 본질과 교회의 표지로서 성찬식을 거행해야만 하는 시행의 당위성 사이에서 양자를 통합하는 가능성 있는 대안은 무엇인가? 성찬식은 그 본질과 목적으로 볼 때, 제대로 그리고 정당하게 시행하는 것이 중요하지, 한 번에 모든 교회 구성원이 함께해야 한다는 것이 양보할 수 없는 본질적이고 중요한 문제인 것은 아니다.

종교개혁자들의 교훈대로 성찬식은 가능하면 자주 하는 것이 좋다. 개혁자들은 말씀의 선포와 성례의 정당한 거행 그리고 권징의 시행을 교회의 표지로 규정하였다. 그러므로 성찬식을 의도적으로 부정하거나 거부하고 시행하지 않으면 그것은 교회가 아니다. 그러나 상황이 특수하여 성찬식을 행할 수 없어서 어느 기간 동안 성찬식을 행하지 않는다면, 성찬식을 행하지 않는다는 외적 현상은 같지만 그렇다고 교회가 아닌 것은 아니다. 예배는 어떤 식으로든지 드려야 하지만, 성찬식을 상당한 기간 동안 행하지 않는다고 하여 모두 교회가 아닌 것 역시 아니다. 차라리 모여서 같은 상에서 성찬식을 행할 수 없는 동안에는 성찬의 중요성과 가치 그리고 은혜 등을 강조하는 설교를 시행하여 성찬에 참여하는 것을 더욱 사모하고 귀하게 여기는 마음을 갖고 기대하고 기다리는 기회로 삼는 것도 한 방법일 수 있다. "오늘은 성찬식을 행하는 주일입니다. 그러나 우리는 성찬식을 할 수 없습니다. 모두 한자리에 모여서 한 상에서 나누는 일을 할 수 없기 때문입니다…." 하고 성찬식의 의미와 가치 등을 어느 때보다 실감 나게 강조하고 공감할 좋은 기회이기도 하다. 기다리고 고대하는 마음으로 드디어 성찬식에 참여하게 된다면 그 은혜가 훨씬 더할 것이다. 어린이의 성찬 참여에 대한 서양교회들의 전통과 한국교회의 전통이 다른 점, 한국교회의 방침이 신앙교육이나 성찬의 귀함을 인식하게 하는 데도 더 적합하다는 점을 인정한다면 성찬식도 그러한 차원에서 이해할 수 있을 것이다.

예 1) 만약 대면 예배와 온라인 예배를 겸하여 드릴 수밖에 없는 상황이 계속된다면 교회는 성찬식에 참여하는 인원을 제한하여 수시로 성찬식을 행하고 교인들의 일부가 연중 혹은 일정 기간 동안 차례로 성찬식에 참여하게 할 수도 있다. 성찬식을 사모하는 마음과 참여하는 감동을 더 크게 할 효과도 있을 것이다.

예 2) 온라인으로 성찬식을 거행하는 경우, 빵과 포도주를 각 가정의 책임자가 준비하여 남은 가족에게 분병, 분잔의 예식을 주례하게 하는 것은 문제가 될 것이다. 미국과 한국의 몇몇 교회는 "온택트 성찬식"이라는 방식으로 성찬식을 행하기도 한다. 교회가 성찬식에 사용될 빵과 포도주를 준비하여(성찬 캡

뉴 노멀 시대의 교회와 목회

슐) 각 가정에 배부하고 주일 예배에 담임목사가 진행하는 성찬식에 온라인으로 참여하는 방식으로 전교인 성찬식을 시행한다. 성찬 캡슐은 마치 캡슐커피 같은 작은 플라스틱 캡슐 안에 포도주를 넣고 은박포장으로 봉하고, 그 위에 빵조각을 넣고 다시 은박으로 봉합한 것인데, 성찬식에서는 하나의 캡슐을 각 가정에 배부하고 성찬식 진행 중 주례자의 순서 진행에 따라 은박포장을 차례로 뜯어내면서 분병 분잔 의식을 행한다. 성찬식을 사모하던 교인들에게는 성찬식의 메시지와 가치와 감동을 한결 더 깊게 실감하는 기회가 될 수도 있다. 그러나 매번 이렇게 한다면 얼마 가지 않아서 익숙해짐으로부터 오는 부작용을 초래할 위험도 있다.

이처럼 온라인 성찬의 가능성이 논의되는 전제는 교인들이 한자리에 모이는 것이 외적 조건에 의하여 불가능한 상황이라는 것이다. 이런 상황에서 극히 제한적인 조건부로 시행된 성찬식이 그 조건이 사라진 후에도 여전히 마치 성찬식에 대한 보편적인 원리처럼 되어 성찬식 주일에 교회에 나오지 않는 사람들을 위한 편의 수단으로 향해지는 것은 삼가야 한다. 일상적인 또 다른 방식의 성찬식 수행 방법으로 사용되지 않도록 해야 할 것이다. 성찬식에 나올 수 없는 개인적인 특별한 상황을 명분으로 여전히 온라인 성찬식을 행하는 것은 삼가는 것이 좋을 것이다. 특별한 상황에서 제한적으로 행하는 것이며, 코로나바이러스로 인한 비대면 예배 상황이 해제되면 이와 같은 방식의 성찬식은 행하지 않는다는 것을 교회 앞에 천명하는 것도 필요할 것이다.

7) 대형교회와 소형교회의 가능성과 한계성

대형교회의 좌절과 기회

대형교회들은 다양한 방식과 내용과 기능을 수행하는 프로그램과 행사를 통하여 교인들의 필요를 높은 수준의 질과 효과적인 방법으로 충족시켜줌으로써 흡인력을 확보하였다. 그것을 가능하게 하는 운영의 동력은 숫자(맨 파워)와 재정 능력(경제력)이었다. 그러나 뉴-노멀 시대에는 숫자와 헌금액도 격감하고 그 많던 다양한 프로그램들을 계속 운용하는 것이 불가능한 상황이 펼쳐진다. 그리고 뉴-노멀 시대 교인들의 본능적 욕구와 환경의 변화로 말미암아 지금까지 교회를 운영해온 방식의 목회는 어려운 상황을 맞게 된다. 남은 교인 그리고 새로 복음을 받고 교회 안으로 들어오는 신자들의 가장 절실하고도 우선적인 욕구는 각종의 필요를 채워주는 실용적 기능적 맞춤형 프

뉴 노멀 시대의 교회와 목회

로그램들이 아니라 하나님의 말씀을 듣고 싶어 한다는 점에서 새로운 환경을 맞게 되는 것이다. 또한 대형교회들은 교회의 의사결정 과정이 복잡하고 느릴 수밖에 없어서 새로운 상황에 적응하기 위한 순발력 있는 의사결정을 하는 것이 거의 불가능하다. 대형교회는 목회방침의 변화와 교회 정책 변화를 결정하기까지 복잡한 절차와 상당한 시간이 소요된다. 다양한 의견들에 대한 조정과 통합의 과정에서 많은 어려움과 기회 상실이라는 문제에 직면할 수 있다.

기회

이러한 안목이나 분별에 전적으로 동의하는 대형교회 목회자라면 자신의 목회철학과 시대적 교회상에 대한 혁명적 변화를 결단하고 그 길로 나가서 새로운 이 시대의 교회를 세워나가는 기회로 만들 수 있다. 지금까지의 규모와 시설과 프로그램들을 잘 유지해야 한다는 전제에 발을 굳히고 그것을 유지하기 위한 인력과 재력을 확보하려는 데에 주력하는 방식으로는 하나님이 새롭게 판을 짜시는 이 시대의 교회로 역할을 하며 주도적 지도자로 자리 잡기는 어려울 것이다. 교회의 규모나 방침이나 주력 사역에 대한 새로운 전망과 결단을 갖고 그것을 위하여 건물이나 회집의 규모나 목회의 방침 등을 획기적으로 새로

짜는 지도자와 교회가 하나님이 이끄시는 새로운 역사의 주역으로 하나님의 손에 들려 시대적 역할을 감당하게 될 것이다.

기회를 맞는 소형교회

소형교회는 극심히 어려워져 교회당 월세 지출이 불가능한 상태에서 교회를 폐쇄해야만 하는 안타까운 상황에 직면하고 있다. 실제로 여러 교회 목회자들이 교회를 폐쇄하고 유튜브 세상에서 온라인 교회로 목회를 하려고 준비하고 있다는 소문도 들린다. 이미 유튜브 세계에는 일인 방송 방식으로 수많은 구독자를 회원으로 확보하고 자신의 독자적인 영역을 이어나가는 유튜버들이 있다. 그러나 월세를 감당할 수 없어서 교회를 폐쇄해야 하는 정도는 아니어서 나름대로 교회를 유지하며 나아가는 정도의 소형교회들의 경우에는 오히려 기회가 될 수도 있다. 작은 교회는 숫자의 격감이 그리 크지 않아 충격이 덜할 수 있다. 헌금액도 그리 많지 않아 격감할 헌금액의 규모도 적어 치명적인 문제가 되지 않을 수 있다. 처음부터 몹시 어렵게 시작했으므로 오히려 조금 더 어려워지는 것을 충분히 감당할 내공이 있다. 더욱이 작은 교회에 나오는 교인들은 자기 교회에 대한 애정과 심정적 소속감이 대형교회 교인들보다 훨씬 크기 때문에 교회를 쉽게 떠나지 않는 경향이 있다. 실제로 어느 교회는 교인들이 이전과 별다른 차이 없이 예배에 출석한다. 또 어느 교인은 이렇게 어려운 상황이 오니 교회가 얼마나 더 힘들까 염려가 된다면서 헌금을 더 하는 교회들도 생기고 있다. 실제로 소형교회들 가운데 헌금 액수가 증가하는 교회들이 여기저기서 나타나고 있다.

새로운 상황의 뉴-노멀 교회에서는 새로운 판에 대한 다양한 변화와 변형 그리고 목회 스타일의 변화 등을 필수로 한다. 소형교회는 이러한 변화에 대하여 순발력과 융통성을 발휘하기가 쉽다는 강점이 있다. 목회자가 목회 상황의 변화에 따른 목회철학과 목회방침을 새롭게 하여 교회에 순발력 있게 적용하는 것이 어렵지 않다. 목회자와 교회의 순발력 있는 변화 혹은 변신이 대형교회보다 상대적으로 수월하여 상황 적응력이 높은 것도 뉴-노멀 시대에는 소형교회의 강점일 수 있다.

모든 소형교회의 목사들이 이 생각을 자연적으로 갖게 되지는 않는다. 이 시대에 대한 징조를 분별하고 하나님이 이끄시는 새로운 역사 현실(새판)에 대한 안목과 통찰로 의식의 전환을 이루어 교회를 세워나가는 목회자와 교회는 물론 소수일 수밖에 없다. 그러나 하나님은 이러한 시대 분별과 의식과 자기 변화를 가지고 하나님의 역사 진행에 부응하여 하나님이 새롭게 짜시는 새로운 역사 현실(새판)에 적응하는 소수의 목회자와 소수의 교회를 사용하여 한국교회의 역사를 새롭게 시작하실 것이다. 모세가 광야에서 뱀을 든 것처럼, 하나님은 이러한 교회를 들어서 이것이 교회라고 선포하고자 하신다.

나가는 말

뉴-노멀 시대의 확실성은 아무 것도 확실하지 않고 어떤 것도 예측할 수 없다는 것이다. 오늘 완벽하게 세운 계획도 언제라도 돌발 상황에 따라 전면적으로 수정하여 다시 계획하거나 혹은 취소해야 한다. 그리고 그것이 비난 받지 않고 당연하게 받아들여진다. 우리는 모르는 것 알 수 없는 것 사이에서 하루하루를 사는 격이다. 목회자 혹은 신학자는 교인들의 개인적 혹은 사회적 모든 문제에 답을 해주어야 한다는 강박관념에 사로잡힐 필요가 없다. 모든 문제에 답을 할 수 있다는 교만과 허세에 빠질 필요도 없다. 모르는 것을 모른다고 말해야 한다. 대책이 없는 문제에는 속수무책이며 아무런 대책이 없다고 말해야 한다. 그리고 욥처럼 확실히 아는 것을 말해주어야 한다(욥기

23:8-10). 답이 아니라 아는 것을 말하는 것이다. 그것은 하나님이 없는 것 같은 현실에서도 하나님이 있다고 말하는 것과 같은 것들이다.

참고문헌

Gerald L. Sittser, 이현우 역『하나님 앞에서 울다』(서울: 좋은 씨앗, 2010).
Tom Wright, 이지혜 역『하나님과 팬데믹』(서울: 비아토르, 2020).
Walter Brueggemann, 신지철 역『다시 춤추기 시작할 때까지』(서울: IVP, 2020).
David Sax, 박상현 역『아날로그의 반격』(서울: 어크로스, 2017).
니콜라스 카, 최지향 역『생각하지 않는 사람들』(서울: 청림출판, 2011).
이준영,『코로나가 시장을 바꾼다』(서울: 21세기북스, 2020).
최배근,『호모 엠파티쿠스가 온다』(서울: 21세기북스, 2020).

기타

2

뉴 노멀 시대의
교회 안 목회와
교회 밖 목회

권 호

NEW
NORMAL

"심각한 위기는 우리에게 성경을 새롭게 다시 읽으라고 요구한다. 나는 지금이 우리가 그와 같은 요구에 반드시 응답해야 하며 그럴 수 있는 시점이라고 생각한다."

_ 월터 부르그만(Walter Bruggemann)

우리는 코로나19 장기화로 인해 뉴노멀 시대를 살고 있다. 비정상이 정상인 시대, 예측할 수 없는 미래를 안고 가야 하는 시대다. 이렇게 불명확하고 불안한 시기에 목회자는 큰 그림을 그리는 가운데 목회 사역에 대한 진지한 고민과 과거의 틀을 깬 새로운 차원의 사역을 과감히 시도해야 한다. 작금의 시기를 세상의 시각에서 보면 위기이지만, 믿음의 시각에서 보면 기회다. 교회가 이 시대를 향한 하나님의 뜻을 생각하고, 신앙의 본질을 추구하며, 변화하고자 노력한다면 이 시기는 오히려 우리에게 축복이 된다.

코로나로 촉발된 뉴노멀 시대에 목회자는 먼저 성도가 흔들리지 않도록 교회 안 목회에 힘써야 한다. 목회자가 중심을 잡아야 성도가 요동하지 않는다. 불안과 위기의 상황에서 분명한 말씀과 지혜로운 목양 사역이 어우러질 때 교회는 코로나 상황 속에서도 더 견고해질 것이다. 동시에 뉴노멀 시대는 필연 목회자의 사역 범위를 교회 밖으로 확장하도록 요청한다. 교회가 지역 사회의 안전을 고려하고, 코로나로 지친 사람들을 위로하며, 포스트코로나 시기에 지역 사회를 치료할 준비를 해야 하기 때문이다. 목회자가 성도의 중심을 잡아줄 뿐만 아니라 지역 사회를 감싸 안을 때 교회가 성숙하고 성장하는 것은 물론이요 코로나의 위기 속에서 세상의 빛의 역할을 할 수 있을 것이다. 이런 희망을 가지고 뉴노멀 시대에 교회 안과 밖의 목회를 어떻게 해야 하는지 이론과 실례를 통해 살펴보자.

I. 사역의 자세

정보와 계획이 아니라 하나님을 의지함

교회 안 목회와 교회 밖 목회에 대해 구체적으로 살펴보기 전에 두 목회 영역에 요청되는 공통의 사역 자세에 대해 잠시 생각해보자. 하루에도 몇 번씩 핸드폰에 비상 재난 메시지 알람이 울리며 확진자 발생을 알린다. 각종 미디어는 매일 코로나 확산의 정도와 코로나 극복을 위한 계획을 쏟아낸다. 다양한 정보가 홍수처럼 쏟아진다. 끊임없이 새 계획이 발표된다. 정확한 상황 인식과 적절한 상황 대처를 위해 정보와 계획은 분명 중요하다. 그러나 목회자에게 정보와 계획보다 더 중요한 것은 하나님을 의지하는 것임을 잊지 말자. 이 위기의 시기 속에서 우리의 힘만으로는 절대 맡겨진 사역을 효과적으로 진행하거나 감당할 수 없다. 우리의 도움이 되시고 지혜가 되시는 하나님을 의지해야 한다.

하나님을 전적으로 의지해야 한다는 말이 너무 당연하거나 모호하게 들리지 않도록 구체적 언어로 표현해보자. 그것은 목회자가 상황에 대한 정보를 기반으로 한 사역에 머물지 않고, 상황과 관계없이 오로지 하나님의 주권을 인정하며 사역하는 것을 말한다. 또한 자신이 익숙한 틀에만 머물며 사역하는 것이 아니라, 익숙하지 않지만 하나님이 열어주시는 새로운 틀에서 과감히 사역하는 것을 말한다. 이런 견고한 마음과 대담한 행동은 우리가 과거에 생각하지 못했던 사역의 확장과 열매를 가져다줄 것이다. 하나님의 약속을 붙잡고 뉴노멀 시대에 하나님만을 의지하라. "너희 중에 누구든지 지혜가 부족하거든 모든 사람에게 후히 주시고 꾸짖지 아니하시는 하나님께 구하라 그리하면 주시리라"(약 1:5)

II. 교회 안 목회

코로나 백신의 개발과 국내 보급이 아무리 빨라도 2021년 전반기에야 이루어질 전망이다. 현재 수도권을 중심으로 국지적인 소규모 감염도 계속되고 있다. 코로나 사태는 우리의 예상보다 훨씬 장기화할 것이 확실해 보인다. 상황이 이렇다면 목회자는 넓은 시각과 긴 호흡을 가지고 다음과 같은 사항을 통해 교회 안 사역에 총력을 기울여야 한다.

1. 설교로 성도들의 중심을 잡으라

불안한 상황에 놓이면 사람의 마음은 흔들리고 두려움에 휩싸이기 마련이다. 코로나 사태 초기 우리 국민이 극도의 불안에 빠지는 것을 보았다. 신앙을 가진 사람도 우왕좌왕할 때가 많았다. 사람은 불안과 공포에 빠지면 극도로 예민해진다. 판단이 흐려진다. 벌어진 현상이 누구 때문인지 따지게 되고 성급하게 비난하곤 한다. 바로 이때 목회자는 설교를 통해 성도가 하나님을 바라보며 중심을 잡을 수 있도록 해야 한다. 이를 위해 설교에 무엇보다 '하나님의 주권'에 대한 강조가 있어야 한다. 하나님은 천지를 창조하신 분이다. 인간의 타락으로 불안정한 세상 속에서도 하나님은 은총을 베풀어 주시며 인간 삶의 기반이 되어주신다. "주여 주는 대대에 우리의 거처가 되셨나이다 산이 생기기 전, 땅과 세계도 주께서 조성하시기 전 곧 영원부터 영원까지 주는 하나님이시니이다"(시 90:1, 2).

우리를 당황과 고통에 빠트리고 있는 코로나 사태도 그분의 주권 하에 있다. 주권자 하나님을 깊이 인정하자. 약한 인간이 주권자 하나님을 잊고 과학과 의학과 진보를 우상으로 삼은 것에 대해 회개하자. 우리의 생사화복은 하나님께 달려있다. 지금 주권자 되신 그분 앞에서 우리는 개인과 교회 및 사회와 국가 전체의 회복과 치유를 위해 기도해야 한다. 이처럼 목회자는 하나님 주권에 대한 강조로 청중이 두려운 상황 속에서도 하나님께 시선을 고정할 수 있도록 해야 한다. 목회자가 강단에서 뉴스에서 들을 수 있는 상식적인 내용, 여러 가지 추측성 예측, 자신의 주관적 시각을 말할 때가 아니다. 성도들이 코로나의 모든 상황이 하나님의 손에 달려있음을 말씀을 통해 깨닫게 해야 한다. 세상의 어떤 곳에서도 들을 수 없는 메시지를 들을 수 있는 곳이 교회다. 하나님은 살아계신다. 하나님이 우리의 주인이시다. 하나님이 이 모든 상황을 알고 계신다. 하나님의 주권으로 지금의 시기를 이끌어 가신다.

2. 흔들리지 않는 예배자의 모습을 훈련하라

성도들의 시각이 좁으면 영적 흐름을 읽을 수 없다. 넓고 깊은 시각을 갖게 하라. 우리는 코로나 사태로 예배를 포기하거나 중지하는 것이 아니다. 어떤 상황에서도 다양한 형태로 예배하는 것을 훈련하고 있다. 초대교회는 로마제국의 핍박 때문에 공적으로 예배를 드릴 수 없을 때 카타콤과 같은 비밀 장소에서 예배를 드렸다. 한국교회 믿음의 선진들은 일제 강점기와 6.25 전쟁 중에도 예배를 멈추지 않았다. 우리는 이런 초대교회와 선진들의 정신을 코로나 사태 속에서 형태를 바꾸어 훈련하고 있다.

필자가 담임 목사로 시무하였던 로뎀교회는 철저한 방역과 거리 유지를 통해 현장 예배를 진행하였다. 동시에 감염의 우려로 현장 예배에 참여하지 못하고 있는 성도들을 위해 온라인 예배 중계와 온라인 교육 콘텐츠를 제공함으로 예배의 공백을 최소화하였다. 현장 예배를 진행하다가 교회가 속해있는 관할

지역에 확진자가 다수 발생해 감염의 위험이 컸을 때는 다시 온라인 예배로 전환해 성도들의 안전을 확보하고 지역 사회의 불안감을 잠재웠다. 그 후 상황이 좋아져서 다시 현장 예배를 진행하였다. 이렇게 교회가 코로나 상황을 예의 주시하면서 상황에 따른 다양한 형태의 사역을 제시하는 것에 대해 성도들이 안정감을 느끼며 감사해하였다.

3. 믿음으로 상황을 해석하게 하라

코로나 사태로 사람들에게 상황을 예민하게 보는 습관이 생겼다. 매일 어디서 어떤 환자가 발생했고, 어떤 감염이 예상되는지 주의 깊게 살핀다. 코로나 사태가 지속되면 앞으로 나라 경제와 개인 경제에 어떤 일이 벌어질지 분석하고 대책 마련으로 고심한다. 상황을 정확하게 파악하는 것이 필요하다. 그러나 상황만 주시하면 '코로나 블루'에 빠지게 된다. 성도들이 말씀으로 상황을 해석하게 하라. 한 가지 예를 들면 종종 교회 지도자들이 현 코로나 상황으로 성도가 영적 게으름에 빠지고 교회가 쇠퇴할 것을 염려한다. 그러나 믿음의 눈으로 보면 이 위기 상황 속에서도 예배를 멈추지 않는 성도들이 있다. 더 깊이 기도하는 성도들이 있다. 머리로 이해되지 않아도 말씀 앞에 '아멘'하는 성도들이 있다. 잎만 무성한 성도는 시들어 가도, 믿음으로 단단해지는 성도들은 열매 맺으며 성장하고 있다. 코로나 사태를 지혜롭게 대처한다면 성숙한 성도들이 많아지면서 교회는 더 내실화될 것이다.

4. 공백 없이 성도들을 보살피라

지금 교회 내 모든 소그룹 활동이 축소 및 중지된 상태다. 가정이나 사업체를 방문하는 심방 또한 쉽지 않다. 봄·가을 대심방도 진행하기 어렵다. 그러나 성도를 돌보는 심방을 중지할수는 없다. 다른 형태의 심방이 필요하다. 즉 전화 심방 혹은 드라이브 스루 심방 등의 다양한 형태의 심방을 고려하며 진행해야 한다. 특별히 고령 성도들은 집에 머물면서 신체적으로나 영적으로 답답함을 많이 느낀다. 건강에 문제가 없는지, 정서적으로 어려움을 겪고 있지는 않은지 세밀히 파악해야 한다. 심방이 꼭 필요할 때는 주보, 각종 신앙 자료들, 작은 선물, 마스크와 손소독제 등을 준비해 문 앞에서 건네며 잠시 격려하는 드라이브 스루 방식을 사용해보자. 전화 심방 등을 통해 파악한 성도들의 기도 제목과 삶의 상황을 교적에 자세히 적어 두자. 청년이나 청소년들은 온라인 매체를 통한 정기적인 심방도 생각해볼 수 있다. 어떤 상황 속에서도 본질적 사역인 영혼을 돌보는 일에 공백이 생기지 않도록 다양한 방법을 찾아 시도해야 한다.

5. 대면과 비대면 사역을 유연하게 진행하라

코로나 사태는 우리의 예상보다 훨씬 장기화할 것이 확실하다. 이런 상황이라면 대면과 비대면의 사역 형태 중 어느 하나만을 택할 수 없게 된다. 감염의 위험이 있음에도 불구하고 대면만을 강행하다 확진자가 발생한다면 교회는 상당한 어려움에 빠질 것이다. 현재 이미 적지 않은 성도들이 코로나 감염의 위험 때문에 대면 예배나 주일학교 현장 교육에 소극적으로 참여하고 있다. 이런 상황에서 현장 참여만이 유일하게 신앙을 지킬 수 있는 길이라고 강조하기에는 무리가 있다. 반면 감염의 위험을 너무 두려워한 나머지 모든 사역을 온라인을 통한 비대면으로 진행할 경우 성도들이 영적으로 느슨해질 수 있다. 결국 대면과 비대면 사역 형태를 함께 준비해 상황에 따라 유연하게 진행해야 한다.

로뎀교회 주일학교 사역의 경우도 대면과 비대면 방식을 병행하며 시행하였다. 교역자들과 부장 및 교사들이 머리를 맞대고 두 방식의 장단점을 평가했다. 그리고 두 방식을 효과적으로 사용하기 위해 구체적인 전략을 구상했다. 특별히 미리 훈련된 온라인 사역팀을 구성해 현장에 참가하는 학생들과 온라인으로 참여하는 학생들의 영적 간격을 최소화하도록 했다. 또한, 부서에서 일정한 기준으로 조를 짜두어 현장에 참여하는 기회를 균등하게 제공함으로 방역의 안정성과 교육 기회의 균등성을 확보하도록 했다.

6. 미래 온라인 사역을 준비하라

코로나 사태가 벌어지기 전까지 온라인 플랫폼에 기독교 콘텐츠의 비율은 일반 것에 비해 저조한 실정이었다. 그러나 지금은 기독교 콘텐츠의 비율이 상승 곡선을 그리고 있다. 기독교적 온라인 문화가 창출되고 있는 것이다. 온라인 사역이 많아지면서 장년 성도들도 서서히 이런 환경에 적응되고 있다. 설교와 교육을 통해 이런 긍정적인 면을 강조하라. 실제로 많은 교회들이 지금 신앙훈련 프로그램과 주일학교 교육 등을 온라인으로 제작해 보급하고 있다. 이런 작업들이 익숙하지 않고 시간과 재정도 많이 사용되지만, 미래의 사역환경에 대한 좋은 준비의 기회가 되고 있다. 필자가 사역하였던 로뎀교회는 이런 온라인 사역의 중요성을 인식하고 교역자들이 미디어 사역에 필요한 기기를 구입할 때 재정적 보조를 하였다. 또한 온라인 사역의 창의적 결과가 나오도록 지속적으로 독려하였다. 몇 달간의 온라인 사역에 대한 모니터링 결과 성도들의 반응은 예상보다 좋았다.

7. 온라인 설교를 익히고 활용하라

뉴노멀 시대에 목회자는 불가피한 상황 속에서 온라인을 통해 메시지를 전해야 할 때가 더욱 증가하고 있다. 모든 설교가 그렇지만 온라인 설교를 효과적으로 하기 위해 연습이 필요하다. 효과적인 온라인 설교를 위해 설교자가 기억하고 지속적으로 연습해야 할 사항을 살펴보자. 이 내용은 영상 장비와 관련된 사항을 제외하고는 일반 설교에도 적용된다. 그러나 온라인 설교를 할 경우 특별히 더 주의해야 할 내용이다.

1) 짧게 설교하라

목회자들이 차를 마시며 이런 농담을 하고 있었다. "좋은 설교란 무엇인가? 전하려는 내용이 분명하던지, 청중을 울리던지 웃기던지, 아니면 짧던지. 그중에 제일은 짧은 것이라."

지나가던 성도들이 그 농담을 들었다. 성도들은 걸음을 멈추고 진심으로 합창하듯 외쳤다. "아멘, 짧은 것이 최고라!" 설교 시간이 보통 40분이 넘어가면, 청중의 집중력은 급격히 떨어진다. 온라인 설교의 최적 시간은 15분 내외다. 아무리 길어도 25분을 넘기지 않는 것이 좋다. 현장 예배와 온라인 예배를 병행한다면 조금 더 길어질 수 있다. 그래도 짧고 간결한 메시지가 좋다. 온라인 예배의 특성을 생각해보라. 예배실이 아니라 각자의 생활공간에서 예배를 드리고 있다. 화면으로 설교를 듣고 있다. 산만하고 소란한 자녀들과 함께 말씀을 듣고 있는 경우도 많다. 그러므로 대면 설교보다 보다 세심하게 잘 준비해서 짧고도 명확하게 설교하라.

2) 읽지 말고 말하듯 하라

가끔 방송에서 대본을 숙지하지 못해 책을 읽듯이 읽는 초보자를 본다. 그의 미숙한 모습 때문에 그가 말하는 내용은 전혀 전달되지 않는다. 설교자가 이와 같은 미숙함을 보이지 않는 것이 좋다. 원고를 읽지 말고 말하듯이 전하라. 자신의 앞에 성도들이 있다고 상상하라. 친절하고 따뜻하게 메시지를 풀어내라. 처음부터 이것이 자연스럽게 되지 않기 때문에 연습이 필요하다. 방송국에 가면 베테랑 방송인도 방송 전에 대본을 열심히 연습하는 것을 본다. 설교자도 철저한 연습이 필요하다. 설교문이 완성되면 여러 번 소리 내서 말하듯이 읽으라. 필자 역시 최소 세 번 정도 읽는 연습을 한다. 온라인 설교나 방송 설교의 경우 다섯 번 정도 읽는다. 읽으면서 발음하기 어려운 단어를 표시해 두라. 또박또박 강조해서 전해야 할 문장도 표시해 두라. 가장 효과적인 방법은 자신의 설교를 녹음하는 것이다. 녹음한 것을 들으면서 부자연스러운 부분을 계속 연습하라. 귀찮고 쑥스러운 작업이지만 연습을 통해 반드시 변화와 성장을 경험할 것이다.

3) 자막을 활용하라

일반 설교에서 중요 대지를 자막으로 보여 주는 것은 메시지의 핵심 전달을 위한 좋은 방법이다. 온라인 설교에서는 메시지의 중요 부분도 자막으로 보여 줘야 한다. 그러면 청중들이 메시지를 쉽게 이해하고 더 오래 기억할 수 있기 때문이다. 필자가 몇 주 전에 했던 설교를 통해 자막 사용의 실례를 살펴보자(자막 부분은 껴쇠괄호로 표시).

첫째, 성도는 믿음으로 상황을 해석하는 사람입니다.
〈1. 성도는 믿음으로 상황을 해석한다.〉 성도는 어떤 상황을 사실과 논리로만 바라보지 않습니다. 그것을 기초로 하되 한 걸음 더 나아가서 믿음의 눈으로 상황을 바라보고 해석합니다. 오늘 본문 1절은 '믿음은 바라는 것들의 실상이며 보이지 않는 것들의 증거'라고 말합니다. (중략) 눈으로, 단순히 보이는 것으로만 상황을 보고 성급하게 해석하지 마십시오. 쉽게 소망이 없다고 포기하지 마십시오. 믿음은 우리가 진정 바라는 것, 소망하는 것들을 지탱하고 있는 토대입니다. 〈믿음은 우리 소망의 진정한 토대다.〉 믿음이 있으면 칠흑 같은 어둠 속에서 소망의 빛을 봅니다. 모두가 낙심해서 무너질 때도 견뎌냅니다.(후략)

자막은 내용을 짧게 요약한 문장이어야 한다. 너무 많은 자막이 오히려 집중력을 흩트릴 수 있다는 점도 기억하라. 주요 대지와 각 대지의 핵심 내용 두 개 정도가 적절하다.

4) 영상 장비에 눌리지 말고 영상 장비와 놀아라

온라인 설교는 영상 장비를 사용할 수밖에 없다. 핸드폰에 있는 영상 어플리케이션을 사용해 간단히 설교를 할 수 있다. 또한 어느 정도 방송기기를 갖춰서 정식으로 설교를 할 수도 있다. 어떤 것이든 영상 장비를 잘 이해하고 활용하면 된다. 영상 장비 앞에만 서면 쭈뼛거리거나 기를 못 펴는 설교자가 있다. 영상 장비에 눌린 것이다. 그러나 걱정할 필요 없다. 적응하면 된다. 제일 좋은 방법은 영상 장비와 함께 노는 것이다. 그냥 편하게 이것저것 재미있게 찍어 보라. 혼자서도 찍어 보고, 가족과도 찍어 보고, 성도와도 찍어 보라. 지우면 그만이니 다양한 표정과 목소리로 설교도 녹화해 보라. 이렇게 영상 환경에 익숙해지고 재미를 붙이다보면 어느새 자연스럽게 온라인 설교를 할 수 있다. 필자는 설교학을 전공했고 대중 집회에 익숙한 편인데도 한 기독교 방송 설교에 적응하는 데 석 달이 걸렸다. 지금에서야 영상 장비 앞에서 덜 긴장한다. 영상 장비는 우리를 돕는 친구다. 눌리지 말고 같이 놀아라. 좋은 영상을 선물로 받을 것이다.

5) 자신의 결대로 하라

지금까지 제시한 것을 연습하면 온라인 설교에 점점 자신감이 붙을 것이다. 꾸준히 노력하되 하나님께서 내게 주신 고유의 특색, 나만의 결대로 하면 된다. 온라인 설교를 꼭 세련되게 할 필요는 없다. 내 결이 소박한 뚝배기 같은 것이면 그렇게 하라. 말이 화려하지 않아도 좋다. 자기의 결대로 담백하고 따뜻하게 메시지를 풀어내면 된다. 노력하는 것만큼 자신의 결을 잘 살리는 것이 중요하다. 나머지 부족한 부분은 하나님께서 채워 주신다.

8. 뉴노멀 시대의 설교 샘플

지금까지 뉴노멀 시대의 교회 안 목회에 대해서 간단하게 살펴보았다. 목회자가 어떤 사역을 하든지 설교가 가장 기본적이고 중요한 역할을 감당한다. 현장이든 온라인이든 설교로 전해지는 메시지를 통해 성도는 영적 중심을 잡고 힘든 시기를 이겨낼 힘을 얻기 때문이다. 아래는 뉴노멀 시대에 성도의 중심을 잡아주고 힘을 주기 위한 설교의 샘플이다.

상황을 해석하는 믿음

히 11:1-3

〈서론〉

어떤 상황이 벌어지면 사람은 먼저 무슨 일이, 왜 벌어졌는지 정확하게 파악하려고 합니다. 이것을 얼마나 잘 할수 있는지는 그가 가진 상황 파악 능력에 따라 다릅니다. 상황을 파악하고 나면 이것이 나와 내가 속한 공동체에 어떤 영향을 줄지 생각합니다. 이 모든 과정을 심리학자와 인지학자들은 '상황 해석 능력'이라고 합니다. 흥미롭게도 사람들은 하나의 방법이 아니라 다양한 방법으로 자신이 맞이한 상황을 해석합니다.

<본론>

우연이나 운으로 상황을 해석하는 사람

어떤 상황을 우연이나 운으로 해석하는 사람이 있습니다. 몇몇 나이 든 어른들만 이런 해석의 틀을 가지고 있는 것은 아닙니다. 종종 젊은이들도 그렇게 생각합니다. 지난 5월 헬스 커뮤니케이션 연구팀이 조사한 결과를 살펴보았습니다. '자신이 코로나에 감염되느냐가 어느 정도 운에 달려있다고 생각하느냐'는 질문에 30대는 62.4%가, 20대는 53.9%가 그렇다고 답했습니다. 상황을 우연과 운으로 해석하면 상황에 끌려가는 피동적인 삶의 자세로 살기 쉽습니다.

팩트와 논리로 상황을 해석하는 사람

어떤 상황을 팩트와 논리를 기반으로 해석하는 사람이 있습니다. 주로 과학적 사고의 유형들이 좋아하는 해석 방법입니다. 거짓 정보와 뉴스가 판을 치는 이 시대에 꼭 필요한 방법이기도 합니다. 그러나 모든 것을 팩트와 논리로만 해석한다면 어떤 현상이나 상황의 일부분은 파악할지 몰라도 정작 깊은 측면과 본질을 파악하지 못할 수 있습니다. 예를 들어 사랑에 빠지는 상황을 어떻게 이해해야 할까요? 이 질문에 대해 팩트와 논리를 바탕으로 답을 내놓은 기사와 보도를 찾아보았습니다.

한 유명 잡지 보도에 따르면 사랑은 '호르몬의 장난'입니다. 사랑은 도파민과 함께 노르아드레날린, 세로토닌 등이 분비된 결과입니다. 생화학적으로 보면 사랑은 호르몬 중독 상태라고 합니다. 하지만 신은 인간에게 이런 시간을 오래 허락하지 않았답니다. 화학 작용으로 시작된 사랑의 유효기간은 보통 6개월에서 3년 정도랍니다.

한편 유명 방송의 과학 코너 보도에 따르면 사랑은 '화학 작용의 결과'랍니다. 앵커가 초대한 분을 소개하며 다음과 같이 질문합니다.

"오늘은 사랑의 감정이 도대체 어떻게 생기는지 알아보겠습니다. ㅇ병원 신경과 ㅇ교수님을 모셨습니다. 교수님, 사랑의 감정은 왜 생기는 것입니까?"

앵커의 질문에 출연한 교수는 이렇게 대답합니다.

"그것은 뇌에서 호르몬을 분비하기 때문입니다. 특별한 화학 작용에 의해서 사랑을 느끼게 되는 것이죠. 사랑에 빠진 사람에게 기능적 MRI 촬영을 해보면 뇌의 쾌락 중추가 활성화되어 있는 것을 확인할 수 있습니다. …"

사랑을 화학 작용의 결과, 호르몬의 장난이라는 과학적 팩트와 논리적 추론으로 해석한다면 왠지 모를 허무함이 밀려옵니다. 이성 간의 사랑 말고도 친구의 사랑, 이웃에 대한 사랑, 부모의 사랑도 있는데, 그 모든 것이 화학 작용의 결과로 받아들여야 합니까. 물론 사랑의 과정에서 호르몬이 작용합니다. 그러나 그것은 사랑에 대한 일부 과정으로 뇌작용에 대한 설명일 뿐입니다. 성경 말씀에 따르면 사랑의 근원은 하나님이십니다. 하나님이 사랑이시기에 그 형상에 따라 지음받은 우리가 사랑하는 존재로 살아갑니다.

모든 것을 팩트와 논리로 보면 상황을 어느 정도까지는 알 수 있습니다. 그러나 진정성과 본질적인 측면을 놓칠 수 있습니다. 성도도 팩트와 논리를 가지고 상황을 봐야 하지만, 그것에만 그치지 말아야 합니다. 한 단계 더 나가야 합니다. 그것이 무엇입니까. 오늘 본문 말씀처럼 믿음으로 상황을 해석하는 것입니다.

믿음으로 상황을 해석하는 사람

벌어진 상황을 믿음으로 해석하는 사람이 있습니다. 이런 사람을 성도라고 합니다. 성도는 어떤 상황을 팩트와 논리만으로 바라보지 않습니다. 믿음의 눈으로 상황을 바라보고 해석합니다. 오늘 본문 1절에 따르면 믿음은 바라는 것의 실상이며 보이지 않는 것의 증거입니다.

히브리서 저자는 지금 '믿음'에 대해서 말하고 있습니다. 어떤 상황에서 믿음을 말하는 것일까요. 히브리서는 주후 70년경 신앙 때문에 핍박받는 상황에 처한 성도에게 주어진 말씀입니다. 13장 3절에 언급된 '갇힌 자'와 '학대받는 자'가 이 사실을 보여줍니다. 절대적 힘을 가진 로마의 핍

박은 가혹했습니다. 약속된 하나님의 나라가 느껴지지도, 보이지도 않았을 것입니다. 하나님의 다스리심과 보호하심이 사라진 것만 같았을 것입니다. 그 결과 신앙을 버린 배교자들이 생겼습니다.

이런 상황 속에서 히브리서 저자는 말합니다. "눈에 보이는 것만으로 상황을 성급하게 해석하지 말고, 믿음으로 상황을 해석하라!"

어떤 예기치 못한 상황 속에 빠졌을 때 믿음이 중요한 이유는 무엇입니까. 믿음은 바라는 것들의 실상이기 때문입니다. '실상'(휘포스타시스)은 원래 밑에 무엇을 두는 동작(휘피스테미)을 명사로 만든 것입니다. 쉽게 말하면 실상은 보이는 것의 밑에 위치하는 것, 혹은 그것이 있게 하는 기초를 말합니다. 그렇다면 믿음은 우리가 진정 바라는 것, 소망하는 것을 지탱하고 있는 영적인 토대입니다.

본문은 또한 믿음이 보이지 않는 것의 증거라고 말한다. '증거'(엘렝코스)는 분명하게 드러내거나 혹은 무엇을 폭로하는 행동에서 유래된 명사입니다. 그래서 '증거'(proof) 혹은 '확신'(conviction) 등으로 번역됩니다. 결국 믿음이 있어야 보이지 않는 것을 볼 수 있습니다. 보이는 상황 너머

진실로 존재하는 것을 확신할 수 있습니다.

믿음의 중요성을 강조한 히브리서 저자는 이제 믿음을 증거 삼아 신앙을 지켰던 신앙 선배들을 기억하라고 말합니다. "선진들이 이로써 증거를 얻었느니라"(2절) 이후 우리가 잘 아는 믿음의 선진들을 연속으로 소개합니다. 믿음으로 상황을 보고 방주를 준비해 구원받은 노아(7절), 믿음으로 상황을 보고 본토를 떠나 하나님이 지시한 땅으로 간 아브라함(8절) 등 많은 믿음의 선진들이 언급됩니다.

믿음에 대한 설명과 믿음을 지킨 선진들의 예를 통해 히브리서 저자는 성도에게 분명하게 말합니다. "눈에 보이는 것으로만 상황을 보지 마라. 믿음으로 상황을 보고 해석하라. 그때 다른 것이 보이고, 다른 것이 깨달아지고, 다르게 행동할 수 있다."

믿음으로 상황을 해석할 때

코로나 사태가 장기화 되면서 신앙을 가진 우리도 지치고 신앙적 회의에 빠질 수 있습니다. 우리에게 지금 코로나 바이러스를 치료해줄 약과 감염을 막을 백신도 필요하지만, 근본적으로 필요한 것이 바로 믿음입니다. 상황을 해석하는 믿음입니다. 이 상황을 해석하는 믿음을 가진 사람의 특징이 있습니다.

첫째, 눈에 보이는 것으로 성급하게 판단하지 않습니다. 믿음으로 상황을 해석하는 사람은 눈에 보이는 것을 넘어 본질을 생각합니다. 세상의 눈으로 보면 코로나로 인류가 무익한 고통만 받는 것 같습니다. 그러나 믿음의 눈으로 보면 인류는 자신의 한계를 인정하고 겸손을 배우는 꼭 필요한 과정에 있습니다. 하나님 없이 살 수 있다고 자신했던 인간 사회가 얼마나 쉽게 무너질 수 있는지 보고 있습니다. 인간의 지성이 발달하고 도덕성이 함양되면 하나님이 없어도 평화를 이룰 수 있다는 거짓된 환상이 깨지는 것을 보고 있습니다. 다 같이 코로나로 고통받는 이 순간에도 이기적인 백신 자본주의가 등장하고, 잔혹한 인종차별이 자행되며, 정치적 이익을 위해 국민을 위험으로 몰아넣는 정책이 시행되는 것을 봅니다. 우리는 인간의 한계를 인정하며 겸손히 깨닫습니다. 인간은 바이러스 하나도 이길 수 없는 존재입니다. 하나님 없는 인간 삶에 결코 평화는 없습니다. 우리는 결코 하나님 없이 살 수 없습니다.

둘째, 성급한 반응을 보이기보다는 조용히 인내합니다.

히브리서 저자가 제시한 선진들은 믿음으로 상황을 해석하며 끝까지 인내한 사람들이었습니다. 믿음의 눈으로 지금의 상황을 보십시오. 언뜻 보면 코로나라는 위기 속에서 지금 내 삶이 무너지는 것처럼 보입니다. 그러나 믿음의 눈으로 보면 지금 나의 삶은 견고해지고 있습니다. 하나님 없이 살 수 있다고 생각했던 헛된 생각을 버리고, 재정이 어려워도 기도하며 견디며, 내가 세웠던 계획이 계속 바뀌어도 하나님을 주권을 인정하면서 우리는 견고한 신앙인으로 훈련되고 있습니다. 이 시간이 견고하게 빚어지는 시간이라면 성급하게 행동하고 못한다고 포기할 이유가 없습니다. 조용히 인내해서 깊어지고 견고해지는 체험을 하면 됩니다.

셋째, 결국 믿음으로 승리합니다. 믿음으로 상황을 해석할 때 인내할 수 있을 뿐만 아니라 승리할 수 있습니다. 히브리서가 소개한 선진들은 믿음으로 자신들을 핍박한 나라들을 이겼습니다. 사자들의 입을 막기도 했으며, 불의 세력을 멸하고 칼을 피했으며, 맹렬히 공격하는 적을 물리치고, 조롱과 채찍질과 투옥도 견뎌냈으며, 마침내 세상을 이겼습니다(33-38절). 믿음으로 이 코로나 상황을 해석하고 인내하며 신앙을 지킬 때 우리도 결국 승리할 것입니다. 언제 어떤 방법으로 하나님께서 승리하게 하실지 모릅니다. 그러나 하나님이 주권적으로 인도하시고 결국 이기게 하실 것임을 믿고 우리는 오늘도 예배합니다. 묵묵히 흔들림 없이 예배하며 우리는 확신합니다. 하나님의 때가 되면 우리 모두 마스크를 벗고 함께 승리의 환호성을 지를 것입니다.

〈결론〉

민음으로 상황을 바라보십시오. 믿음으로 상황을 해석하십시오. 질병으로 세상은 멸망하지 않습니다. 성경 말씀처럼 땅끝까지 복음이 전해지고 주님이 다시 오실 때 세상은 끝이 납니다. 그때까지 하나님은 세상을 보호하십니다. 우리는 지금 상황을 무엇으로 해석하고 있습니까. 단지 눈에 보이는 것으로 상황을 보고 성급하게 해석하지 마십시오. 믿음으로 상황을 보고 해석하십시오. 오늘도 변함없이 하나님을 예배하십시오. 하나님은 여전히 우리와 함께 계시며, 우리를 인도하시며, 우리가 승리하게 하십니다.

III. 교회 밖 목회: 실사례를 중심으로

코로나 사태로 도래한 뉴노멀 시대는 필연 교회사역 범위의 변화를 요청한다. 코로나와 같은 특별 상황 속에서 교회는 지역 사회를 늘 염두에 두고 행동할 수밖에 없다. 자연스럽게 교회 밖 지역 사회가 목회사역의 영역으로 확대되기 시작한다. 목회자에게 이런 사역 영역의 확대는 심적 부담과 실제적 수고가 될 수 있다. 그러나 생각해보면 지금이 세상의 소금과 빛이 되어 제자도를 실천할 수 있는 기회의 때이다. 이제 뉴노멀 시대에 목회자가 감당해야 할 교회 밖 사역에 대한 간단한 방향과 실례를 살펴보자.

1. 지역 사회의 안전과 생명을 생각하라

복음은 생명을 얻게 한다. 예수님이 이 땅에 온 것은 죄로 죽어 가는 영혼에게 생명을 얻게 하기 위함이었다. "내가 온 것은 양으로 생명을 얻게 하고 더 풍성히 얻게 하려는 것이라"(요 10:10). 이 생명은 예수님이 주시는 천국에서의 영원한 생명이다. 동시에 이 땅에서의 생명과 치유와 풍성한 삶과도 연결되어 있다. 예수님은 이 땅에 계실 때 위험에 빠진 자를 구해주시고 병자를 치료하셨다. 예수님의 이런 모습은 교회의 '공공성'과 지역 사회에 대한 '책임성'의 뿌리가 된다. 교회는 개인의 생명을 넘어 나와 우리가 살아가는 사회의 생명에 대한 전인적(holistic) 이해를 실천하는 곳이다.

코로나 상황 속에서 예배를 지키려는 교회의 노력과 지역 사회의 감염에 대한 염려가 충돌하면서 적지 않은 갈등이 계속되고 있다. 교회가 예배를 통한 신앙 고백에 중점을 둘 것인가, 지역 사회의 안전에 대한 책임을 다할 것인가를 고민해야 할 시점이다. 앞 장에서 살펴본 정찬균 총장의 논의와 제안에 따르면 이 두 가지를 따로 분리하는 것은 옳지 않다. 코로나와 같은 특수한 상황 속에서 교회는 다양한 형태로 예배함으로써 성도의 신앙을 지킬 수 있다. 동시에 교회의 그런 노력이 지역 사회의 안전과 생명을 지키는 책임 있는 모습으로 평가될 수 있다.

목회자는 코로나 상황에 따라 예배의 형태를 결정할 때 교회의 상황뿐만 아니라 지역 사회의 안전을 고려해야 한다. 이런 균형 있는 판단과 사역은 성도에게도 상황에 대한 안정감과 목회자에 대한 신뢰감을 준다. 필자가 사역하였던 로뎀교회의 경우 정부가 공지하는 코로나 상황에 대한 분석을 기반으로 예배 형태를 결정하였다. 지역 사회에 감염자가 발생했을 경우 정부의 지침보다 더 강화된 방역 기준을 적용해 예배 형태를 결정하였다. 이때 교회의 공공성과 지역 사회에 대한 책임을 강조하였다. 성도들의 불평은 거의 없었다. 오히려 지역 사회를 위해 기도하고 인내하면서 신앙의 폭이 넓어지는 것을 느낄 수 있었다. 예배에 대한 열정도 더 깊어짐을 보았다. 예배냐 방역 준수냐를 고민할 필요가 없다. 하나님을 사랑하는 것과 이웃을 사랑하는 것이 분리될 수 없음을 우리는 잘 안다. 하나님을 사랑하는 깊은 신앙과 이웃을 배려하는 따뜻한 마음으로 예배의 형태를 결정해서 우리의 신앙과 사회적 책임을 함께 지키면 된다.

2. 지역 사회 공기관과 협력하며 사역하라

교회 사역을 지역 사회로 확대해 효과적으로 시행하려면 공기관과 협력해야 한다. 지역센터, 동사무서, 구청의 경우 지역 사회 복지를 위해 여러 가지 프로젝트를 기획하며 재정과 인력

지원으로 협력할 일반 및 종교 단체를 찾고 있다. 코로나 사태와 같은 긴박한 상황 속에서 그 필요가 더 증대된다. 교회가 공기관과 지혜롭게 협력해 지역 사회를 섬길 때 복음의 향기가 퍼져나갈 뿐 아니라 전도의 문이 열리게 된다. 한 사례로 서울 종로구에 소재한 "숭인교회"(김요한 목사 시무)의 최근 사역을 살펴보자. 숭인교회는 코로나 상황 속에서 지역 주민센터와 협력해 주민을 격려하고 지역 상권이 활성화되도록 도왔다. 아래의 김 목사와의 인터뷰를 통해 실행된 사역에 대해 구체적으로 살펴보자.

질문 1. 코로나 상황 속에서 지역 사회를 섬기려고 계획한 이유는 무엇입니까?

코로나 바이러스의 온상이 마치 한국교회인양 언론이 보도하자 정부는 불붙는 여론을 의식했는지 한국교회만을 특정해서 3월에 예배 금지 명령을 내렸습니다. 사실 대부분의 한국교회는 선제적 방역을 위해 이미 온라인 예배로 전환했습니다. 또한 정부, 의료진, 방역 당국을 위해 기도하며 마스크와 의료장비 지원에 앞장서 왔습니다. 그러나 신천지발 코로나 확산이 몇몇 교회의 집단감염으로 이어지면서 정부는 예배 금지 명령을 내렸고, 모든 한국교회의 예배에 문제가 있는 것처럼 사회에 비춰지게 되었습니다. 급기야 사랑제일교회와 광화문 집회에서 집단감염이 발생하여 코로나 바이러스가 재확산 된 후 '대면 예배 금지'라는 너무도 엄격한 방역 기준이 한국교회에 다시 적용되었습니다. 그 결과 지금까지 교회에 대한 좋지 않은 인식이 한국 사회 속에 계속되고 있습니다. 저는 코로나로 인한 대사회적 인식이 좋지 않은 시기에 한국교회의 해답은 지역 사회의 빛과 소금의 역할을 감당하는 것이라 생각합니다. 지금도 보이지 않지만 아무도 모르게 주님의 선한 일을 감당하는 수많은 교회가 있습니다. 저는 지역 사회 섬김을 통해서 이런 사실을 보여주고 싶었습니다.

질문 2. 코로나 상황 속에서 구체적으로 어떻게 공기관과 협력해 지역 사회를 섬기셨습니까?

이번에 숭인교회는 코로나 상황 속에서 지역 주민센터와 함께 특별한 이웃사랑 나눔을 실천했습니다. 지금까지 숭인교회는 선교적 교회의 가치를 실천하기 위해 절기헌금

(부활절, 성령강림절, 성탄절 헌금 등)을 교회 울타리 밖으로 최대한 흘려보내는 사역을 해왔습니다. 올해 부활절에는 코로나19의 최전선에서 노력하는 의료진들과 어려움을 겪는 대구 경북의 교회들, 그리고 선교사님들을 위해 절기헌금을 사용했습니다. 이때 즈음 많은 한국교회에서 월세 지원과 후원금으로 어려움 겪는 교회들과 선교사들을 후원했는데 이 운동의 하나로 동참한 것이죠. 특별히 5월의 마지막 주, 많은 한국교회가 새로운 예배 회복을 소망할 때 숭인교회는 성령강림절을 맥추절로 함께 지키며 코로나의 아픔을 이웃의 소상공인들과 함께 공감하고 '이웃사랑 나눔' 운동을 실천했습니다.

교회가 독단적으로 사업을 추진하면 아무리 좋은 일도 자영업자들이 부담을 가질 수 있기 때문에 이번 일도 주민센터와 함께 기획하고 추진한 것입니다. 이 사업의 취지는 코로나로 인해 어려움 겪는 취약계층들의 소비를 촉진시켜 또 다른 어려움을 겪는 자영업자들을 돕는 것이었습니다. 그리고 그 중간에서 교회와 주민센터가 함께 역할을 감당했습니다. 일단 모든 비용은 교회가 부담을 하지만, 가장 중요한 것은 업체 선정이었습니다. 교회에 대한 인식이 좋

뉴 노멀 시대의 교회와 목회

지 않기에 교회가 무슨 일을 한다고 하면 전도하는 줄 알고 손사래부터 하며 거절하기 쉽습니다. 그래서 먼저 교회는 예쁜 꽃 상자에 소정의 격려금을 담아 조건 없이 전달했습니다. 예쁜 편지에는 격려의 글과 함께 주민센터에서 선별한 30가정과 숭인교회 성도 400여 명이 상품권으로 해당 업체를 이용할 것이고, 정한 기일에 상품권을 현금으로 바꾸어 전달해 드린다는 약속이 담겨있었죠.

여러분이 코로나로 어려움을 겪고 있는 사장님이라면 어떤 생각과 행동을 하셨을까요? 교회에서 왔다는 소식에 인상을 찌푸릴 수 있겠지만, 향기 나는 꽃과 함께 격려의 편지와 위로금이 들어있습니다. 무엇보다 조건 없이 지역의 주민들과 교회의 성도가 기한 안에 찾아와 소비를 해준다고 한다고 합니다. 이런 상황을 알고 나면 갑작스런 교회 목사들의 방문에도 불구하고 대부분의 자영업자들은 하루를 넘기지 않고 교회와 주민센터가 제시한 '이웃사랑 나눔과 착한 소비운동'에 동참하는 제휴업체가 됩니다.

이후 취약계층을 선별하고 그들에게 상품권을 나누어 주는 일은 주민센터가 맡았습니다. 지역의 선별된 이웃들은 식당이나 카페, 정육점 등은 물론 문구점이나 약국까지도 교회에서 제작한 상품권으로 기분 좋은 소비를 했습니다. 이 기간 동안 숭인교회는 예배 후 나누어 주는 떡 대신에 상품권을 주고 성도가 지역에서 착한소비 운동을 하도록 독려했습니다.

질문 3. 이웃사랑 나눔과 착한소비 운동 후 어떤 결과가 있었습니까?

무엇보다 행복함이 나누어졌습니다. 이런 착한소비 운동으로 가장 행복한 사람은 누구였을까요? 바로 착한 일을 하여 하나님께 영광을 돌린 숭인교회였습니다. 물론 상품권 소비가 많이 된 사장님, 제휴한 모든 업체, 선별된 취약계층의 가정들이 교회를 통해 뜻밖의 도움에 많이 행복해했습니다. 그분들은 산 위에 있는 숭인교회는 바이러스를 퍼뜨리는 위험한 교회가 아니라 어떻게든 지역에 도움을 주려는 좋은 교회라고 느꼈습니다.

이 사업을 추진하면서 지역 가게 사장님들이 고마움의 표시로 교역자실에 닭강정, 치킨, 떡 등을 가져다주기도 했습니다. 그리고 모든 사업이 끝난 후 많은 사장님들이 영상편지를 통해 성도에게 고마운 마음을 표시했습니다. 또한,

주민센터는 자신들이 섬겨야 할 이웃들과 어려움 처한 자영업자들을 돕게 되어 보람을 느꼈다고 했습니다. 관계자 분들은 이런 좋은 사례가 구청에도 자랑거리가 된다고 하시며 서울시와 구정 신문에 교회의 선한 사업을 알리기도 했습니다.

질문 4. 포스트 코로나 이후에도 지역 사회를 섬기려는 계획이 있다면 소개해주십시오

코로나 상황이 끝나면 변함없이 그동안 해왔던 사역을 계속할 것입니다. 숭인교회는 랜드마크처럼 지역의 가장 높은 곳에 위치해 있습니다. 이렇게 분명히 보이는 교회를 향해 지역 사회가 손가락질이 아닌 '나눔과 섬김'이 있다고 인정과 칭찬을 하는 교회가 되도록 많은 노력을 할 것입니다. 코로나 사태 전까지 숭인교회는 '나눔과 섬김의 선교적 교회'를 표어로 삼고 매주 수요일마다 빠른 발걸음으로 출근길을 재촉하는 사람들에게 간단한 아침을 제공하고, 150개가 넘는 지하철역과 교회로 이어지는 계단을 청소했습니다. 무엇보다 지역 주민을 위한 브런치 카페를 열고, 모든 수익금은 주민센터와 함께 홀로 계신 어르신들을 돕는 데

전액 사용했습니다. 이런 이유로 많은 주민이 교회의 문턱을 넘어 음식을 즐기고 차를 마시며 담소를 나누는 모습이 자연스러운 교회로 자리 잡았습니다. 주민센터는 연말연시나 성탄절 같은 절기뿐만 아니라 항상 어려운 이웃들과 사랑을 나누는 숭인교회를 종로구청에 추천해 매년 구청으로부터 감사패를 받기도 했습니다. 코로나가 끝나면 숭인교회는 우리에게 주어진 이런 소중한 지역 사회 섬김의 일을 성실히 지속할 것입니다.

잠시 살펴본 숭인교회의 실례처럼 교회가 지역 공기관과 협력할 때 교회 단독으로 할 수 없는 여러 사역이 가능해진다. 직접적으로 복음을 전하지 않아도 교회의 이미지가 좋아지면서 전도의 간접적인 기회와 열매가 열리는 것을 볼 수 있다. 이에 관해 아래에서 더 자세히 알아보자.

3. 교회가 가진 것을 과감하게 나누어
   전도와 설교가 열리게 하라

교회가 공공성과 지역 사회에 대한 책임을 인식한다면 가진 것을 교회 안의 테두리에만 둘 수 없다. 교회가 가진 재정과 인력을 가지고 지역 사회의 그늘진 곳을 살피고 치유한다. 가난한 자, 아픈 자, 소외된 자들을 살피는 것이 초대교회로부터 지금까지 이어진 교회의 좋은 신앙 전통이 아닌가. 교회가 이렇게 이웃과 나눔을 할 때 불가능할 것만 같았던 전도와 선교의 문이 열리는 것을 본다. 교회 밖에 사역에 힘을 쓰니 교회 안의 성숙과 성장이 자연스레 함께 이루어지는 놀라운 결과를 보는 것이다. 이제 서울 송파구에 소재한 "좋은나무교회"(이강우 목사 시무)의 나눔 중심의 전도 및 선교사역의 실례를 이 목사와의 인터뷰를 통해 살펴보자.

질문 1. 보통 교회와 차별된 좋은나무교회의 독특한 사역은 무엇입니까?

좋은나무교회는 '신촌 100교회 사명'을 가지고 조국 교회를 세우는 데 앞장서고 있습니다. 좋은나무교회는 주중에 다른 교회 목회자들과 제자도를 나눕니다. 여러 명의 목회자가 지속적으로 제자훈련을 받고 있는데, 그중에는 8년째 성경공부를 같이하는 목회자도 있습니다. 같이 훈련받던 분 중에 세 명이 좋은나무교회의 개척 모델을 따라 교회를 개척했습니다. 가장 먼저 개척해서 5년 차로 접어든 신촌연합교회는 현재 훈련된 성도가 백 명 정도 됩니다. 제자도의 바른 방향을 제시하고 그 필요성을 나누니 자연스럽게 교회가 세워지는 모습을 볼 수 있었습니다. 현재 이 세 교회는 신촌 대학가의 부흥을 꿈꾸며, 활발하고 행복하게 열매 있는 사역을 이루어가고 있습니다.

좋은나무교회는 일본으로 선교사를 파송해서 교회를 세우는 일과 그곳에서의 전도와 훈련을 위한 사역도 시행하고 있습니다. 좋은나무교회가 국내에서 시행해서 좋은 반응을 얻은 사역이 있습니다. 영어를 통한 어린이와 엄마의 키즈 캠프, 초등생의 주말 교회합숙 훈련캠프, 매일 교회에서 합숙하며 신앙과 공부를 병행하는 처치십캠프, 사회에 파송될 제자를 세우는 제자도캠프입니다. 이런 사역들을 일본에서도 시도하고 있는데 귀한 열매를 거두기 시작했습니다.

뉴 노멀 시대의 교회와 목회

질문 2. 코로나라는 특수 상황 속에서는 어떤 교회 밖 사역을 하고 있습니까?

코로나 사태를 맞이하여 위기를 겪고 있는 이웃 교회를 섬기기 위해 현재 국민일보와 협력하여 '처지 이노베이션 센터 설립'을 진행하고 있습니다. 전문가의 분석을 참고해 보니 현 상태가 계속된다면 조만간 약 1만 개의 교회가 사라지게 될 것이라고 합니다. 해결책을 찾기 위해 지원이 필요한 교회와 지원이 가능한 교회를 묶어주는 네트워크 구축 사역이 절실히 필요한 상황이었습니다. 이에 선제적으로 좋은나무교회에서 교회가 교회를 제자 삼는다는 비전을 품고 현재 3억의 헌금을 마련하여 센터 창립과 사역 론칭을 계획하고 있습니다.

아시는 것처럼 도시지역의 작은 교회가 현재 월세의 압박에 시달리고 있습니다. 이에 좋은나무교회는 총 3억의 헌금 중에 1억을 교단과 교회 소재 주변의 50개 교회에 월세 지원 헌금으로 나누었습니다. 이 사역을 진행하면서 교회의 화합과 형제애를 느낄 수 있어서 참으로 기뻤습니다. 코로나라는 어려움 속에서도 '주는 것이 복'이라는 주님의 말씀을 실천하며 복된 교회 네트워크를 형성할 수 있도록 계속 박차를 가하고 있습니다.

질문 3. 지금까지 지속적으로 이어온 교회 밖 사역에는
어떤 것이 있습니까?

'쪽방촌 사역'이 있습니다. 쪽방촌 사역은 1평 남짓한
쪽방에서 생활하는 사람들의 어려움을 돕고자 동대문 쪽방
촌에서 사역하는 '등대교회'와 '좋은나무교회'가 연계하여
도시 빈민을 돕는 사역입니다. 2013년에 시작해서 현재까
지 7년을 섬겨온 쪽방촌 사역은 성도의 자발적인 섬김 가
운데 한 달에 한 번, 매주 셋째 주 토요일에 정기적으로 시
행되고 있습니다. 주요 사역의 내용은 도시락 반찬 전달,
목욕 사역, 청소 사역입니다. 교회의 여러 권사, 집사님들
이 50인분의 도시락 반찬을 준비해 주시면 자원봉사 청년
들이 직접 도시락 반찬을 쪽방촌 주민에게 전달합니다. 반
찬 전달과 더불어 거동이 불편한 분들을 직접 목욕시켜드
리고 청소가 오랫동안 되지 않아 사람이 거주하기 어려운
쪽방은 청소도 해드립니다. 쪽방 사역은 소외된 사람 한 명
한 명에게 사랑과 복음이 전해지는 귀한 통로가 되고 있습
니다. 뿐만 아니라 교회와 교회가 연합하여 주님의 사랑을

세상에 전하는 좋은 표본이 되고 있습니다.

질문 4. 교회 밖 사역과 전도 혹은 선교를 어떻게 연결하고 있습니까?

'방방사역'과 '아미사역'을 예로 전도사역과의 연계 상황을 말씀드리겠습니다. 좋은나무교회는 도시 또는 도농지역 교회의 어린이 전도사역을 위해 '방방'(트램폴린)을 설치하고 있습니다. 방방사역은 2015년 좋은나무교회 옥상에 아이들을 위한 방방을 설치하던 중 도농지역의 교회에도 방방을 설치해주면 좋겠다는 소망으로 시작되었습니다. 어린이 전도에 분명한 의지가 있는 교회라면 어디든 상관없이 방방을 설치해주고 있습니다. 3×4 크기의 방방을 설치하려면 약 4백만 원의 비용이 들어갑니다. 방방을 설치하면 신기하게 도농교회에 동네 어린이들이 몰려듭니다. 아이들이 자연스레 교회에 드나들며 전도가 됩니다. 그 결과 주일학교가 없던 교회에 주일학교가 세워지는 은혜로운 결과를 보고 있습니다. 이렇듯 방방이 최고의 전도 도구라는 사실이 알려지자 전국에서 교파를 초월하여 신청이 들어 왔고, 현재 121개의 방방을 도농과 어촌에 설치했습니다. 이 재원은 100% 모두 성도들의 절기 헌금으로 충당하고 있습니다. 현재 21명의 좋은나무교회 일꾼들을 3개 팀을 구성하여 매월 3개의 방방을 설치하고 있습니다. 휴가를 내서라도 참여하는 일꾼들의 얼굴에 기쁨이 넘치는 것을 볼 수 있습니다.

아미사역(Amy: Acts for Million Youth)은 대학에서 청년들에게 복음을 전하기 위하여 연구실을 개방하고 복음을 전하는 운동입니다. 저와 현직 대학교수인 남옥현 좋은나무교회 장로가 석사, 박사과정에 있는 젊은 그리스도인들을 대상으로 시작한 복음제시와 제자도 사역입니다. 현재 좋은나무교회에 소속된 두 명의 교수의 헌신으로 아미사역이 진행되고 있습니다. 그 결과 약 30여 명의 대학생들이 제자도를 실천하고 있습니다. 2013년부터는 해외의 석사, 박사과정에 있는 젊은 그리스도인을 찾아가고 있습니다. 놀라운 기도응답으로 1억 7천만 원의 재정을 마련해 사람들을 세워가고 있으며 여러 지원의 토대도 마련했습니다. 2017년 LA에서 5명의 박사들과 온라인 모임을 시작했고, 많은 동역자가 계속 세워져 이 사역에 동참하고 있습니다. 현재 한국산업기술대, 성균관대 외에도 여러 박사들이 이 사역에 동참하여 대학가의 부흥을 준비하고 있습니다.

이번에는 '일본사역'을 예로 선교사역과의 연계 상황을 말씀드리겠습니다. 하나님은 제게 일본 선교의 패러다임을 다시 살펴보도록 도전하셨습니다. 저는 말씀에 순종하여 세 차례 일본인의 의식구조 연구보고서를 발간했고 그것을 바탕으로 30여 년의 사역을 이어가고 있습니다. 일본 선교의 핵심은 교회가 사람들에게 오도록 사정하는 것이 아니라, 사람들이 교회에 찾아오도록 하는 것입니다. 주로 어린이와 엄마를 위한 사역을 접촉점으로 활용할 때 열매가 나오는 것을 봅니다. 예를 들어 좋은나무교회가 국내에서 시행하는 영어를 통한 어린이와 엄마의 키즈 캠프의 반응이 좋아 사람들이 자연스럽게 교회로 옵니다.

좋은나무교회는 2018, 2019, 2020년 세 차례 신삿포로성서교회와 연합하여 어린이 연합으로 캠프를 개최했습니다. 2018, 2019년 두 차례 좋은나무교회 아이들이 일본을 방문하고, 2020년에는 일본 아이들이 한국을 방문했습니다. 양국의 아이들이 언어와 문화의 장벽을 뛰어넘어 마음으로 소통하고, 서로 서슴없이 교제하는 모습을 통해 교회의 하나됨이 나타나는 순간이었습니다. 이런 연합사역을 통해 신삿포로성서교회와 끈끈한 관계를 맺고, 좋은나무교회

의 일본 선교 비전을 공유하며 함께 일본의 복음화를 위해
동역하고 있습니다. 우리는 미래 양국의 교회 및 민족 지도
자들이 이 사역을 통해 배출될 것을 확신하고 있습니다.

한편 효과적인 선교 및 전도 방법을 현지 일본 교회에
전수하고 있습니다. 한국인 선교사와 일부 일본 목회자들
이 함께 동경 인근 지역과, 오사카, 규슈와 홋카이도에서
이미 15회 이상의 사역 적용 세미나를 진행했습니다. 그 결
과 좋은나무교회의 사역을 일본 10교회에서 적용중에 있으
며 귀한 선교의 열매가 나오기 시작했습니다.

잠시 살펴본 좋은나무교회의 예처럼 교회가 가진 것을 어렵
고 힘든 사람과 나눌 때 전도와 선교의 열매가 열린다. 교회의
영적 수준도 높아지는 것을 보게 되는데 성도가 자부심과 기쁨
을 가지고 섬김을 멈추지 않기 때문이다. 교회가 가진 것을 내
것이라고 움켜질수록 썩어 없어지게 된다. 반면 내 것이 아니
라고 나눌수록 피어나 열매 맺게 된다. 교회 밖 사역에 힘쓸 때
이런 놀라운 역설의 은혜를 생생하게 체험할 수 있다.

IV. 나가는 글

필요한 시각들, 계속될 사역들

코로나가 전 세계로 퍼져나갈 때 대표적인 신학자들이 중요한 신학적 입장을 표명했던 것을 기억할 것이다. 영국 성공회 주교를 역임하고 현재 옥스퍼드대학교 선임연구원으로 있는 톰 라이트(Nicholas Thomas Wright)는 그의 책 『하나님과 팬데믹』에서 교회가 코로나와 같은 비상 상황에서 이런 일이 왜 일어났는지 원인에 집착하지 말고 이웃을 위해 무엇을 해야할지 깊이 생각해야 한다고 했다. 어려움에 처한 사람과 함께 울고 공감하며 그들을 도와야 한다는 것이다.

한편 미국 베들레헴침례교회를 담임했고 베들레헴신학대학교 총장으로 섬기고 있는 존 파이퍼(John Stephen Piper)는 그의 책 『코로나 바이러스와 그리스도』에서 하나님이 코로나19를 통해 우리에게 회개와 심판의 메시지를 던지고 계신다는 점을 강조했다. 질병의 상황에서 세속주의에 빠져 하나님을 잊고 현실에 안주한 사람들이 회개하고 하나님 앞으로 다시 돌아와야 한다는 것이다. 이 과정을 통해 오직 하나님만이 인간의 소망이며 그분이 당신의 주권으로 바이러스를 완벽하게 다스리고 처리할 것이라는 희망을 가질 수 있다고 본다.

목회자는 교회 밖 사역을 위해 어떤 신학적 관점을 가져야 할까. 필자는 두 가지 관점이 다 필요하다고 생각한다. 인류가 혼란하고 예상치 못한 재앙에 빠지는 것은 분명 인간의 죄로 인해 불완전해진 세상이 만들어낸 결과 때문이다. 치유와 회복을 위해서는 인간이 죄를 돌이키고 다시 하나님께 돌아와야 한다. 그러나 교회가 이것을 말로만 외칠 때 영향력을 끼칠 수 없다. 세상을 향한 판단의 말과 멸망의 선포로 충분했다면 예수 그리스도는 이 땅에 오시지 않았을 것이다. 예수님은 이 땅에 오셔서 우는 자들과 함께 울며 그들과 함께하며 공감하고 치료해주셨다. 기독교는 초대교회 때부터 가난하고 병들어 소외된 사람들을 보살폈다. 그렇게 헌신과 사랑의 섬김으로 표현된 복음은 모든 사람의 마음에 스며들어 복음의 열매로 나타났다. 지금도 동일하다. 복음으로 사회를 변화시키려면 지금 코로나로 고통받는 이웃에게 교회가 위로와 회복의 모습으로 다가가야 한다.

지금 지역 사회는 그 어느 때보다 위로가 필요하다. 코로나가 장기화되면서 많은 사람이 수입이 감소하고 직장을 잃은 사람도 있다. 임대료를 낼 수 없어 가게의 문을 닫는 경우가 속출하고 있다. 교회가 어려운 이웃에게 위로를 전해야 한다. 하루하루가 어렵지만 견딜 수 있도록 희망의 메시지를 전해야 한다. 앞에서 살펴본 것처럼 공기관과 협력해 어려운 사람들을 찾아가고 지역 사업장에 작지만 소중한 재정적 기여도 할 수도 있다. 뭔가 거창하고 대단한 위로의 행동이 아니라도 진심이 담긴 작은 실천으로 어려운 이웃을 도울 수 있다. 어려운 사람들은 진심이 담긴 따뜻한 섬김에 위로를 얻는다.

교회가 지역 사회를 향해 회복을 위한 사역도 해야 한다. 백신이 개발되면 코로나 상황도 사라질 것이다. 그러나 코로나의 여파는 지역 사회에 오래 남을 것이다. 삶의 재정적 기반이 흔들렸던 사람들, 감염에 취약하고 감염을 전파할 수 있다는 이유로 격리되어 갇혀 있었던 노령의 사람들, 다양한 이유로 코로나 상황 속에서 우울증을 겪었던 사람들이 도움의 손길을 필요로할 것이다. 교회가 이들을 외면하지 말아야 한다. 이제 어떤 방법으로 교회 밖의 어렵고 힘든 이들을 회복시킬지 고민할 시점이다. 한국교회가 코로나가 사라진 이후에 그동안 힘들었던 성도를 다시 기쁨으로 맞이할 뿐만 아니라 지역 사회의 어려운 사람들을 회복시키는 일에도 힘을 쏟을 수 있기를 기대해본다.

3

뉴 노멀 시대의
강단 목회

이 승 진

NEW
NORMAL

코로나19 시대에 효과적인 뉴노멀 강단 목회 패러다임

2020년 1월 중순에 시작된 코로나19 사태가 장기화함에 따라, 이전에 비정상적이라 여겼던 패러다임들이 정상적인 것처럼 받아들여지는 뉴노멀 시대가 열렸다. 목회 현장에서도 이전의 효과적인 설교 방법이 더 이상 설 자리를 잃고 있다. 그렇다면 뉴노멀 시대에 효과적인 강단 목회는 어떻게 마련해야 하는가?

필자는 이 질문에 답하기 위하여 리차드 오스머(Richard Osmer)가 제시하는 이론신학과 목회현장의 실천을 통합하는 4단계 실천신학의 연구방법론을 활용할 것이다.1 리차드 오스머가 제시하는 실천신학의 연구방법론은 서술과 분석, 규범, 그리고 전략의 단계로 진행된다. 리차드 오스머의 연구방법론에 따라서 첫째 서술 단계는 '최근 현대 한국사회에서 기독교적인 의사소통의 환경을 감싸고 있는 뉴미디어 생태계 환경에 무슨 일이 일어나고 있는지'에 대해서 서술하는 것이다. 이 단계에서 필자는 두 챕터로 나누어서 전통적인 미디어 생태계에 대한 미디어 비평론을 소개할 것이다. 여기에서는 해럴드 이니스와 마샬 맥루한, 그리고 닐 포스트만의 미디어 비평론을 소개할 것이다. 이어서 두 번째 챕터에서는 21세기에 비약적으로 발전하는 뉴미디어 생태계의 실상과 뉴미디어 생태계가 매개하는 가상현실과 사이버 스페이스, 그리고 매개된 현실의 파급력에 대해서 서술할 것이다.

이어서 둘째 분석 단계는 뉴미디어 생태계 환경이 기독교적인 소통 환경과 설교 생태계에 각각 미친 영향들을 분석할 것이다. 먼저 뉴미디어 생태계가 현대인의 사고방식과 소통 양식에 미친 영향으로 전통적인 설득력 구조의 쇠퇴, 실제 현실과 가상 현실의 괴리감, 그리고 정보 무력감과 지행불일치에 대해서 비판할 것이다. 이어서 뉴미디어 생태계가 설교 생태계에 미친 부정적인 영향으로 설교 메시지의 과잉과 진정성에 대한 무관심, 설교 메시지의 편향성, 행동-가치가 배제된 설교 커뮤니케이션, 빈번한 설교 소통 속의 진정성 있는 설교 소통 부재의 아이러니의 문제를 고찰할 것이다.

셋째 규범 단계는 앞서 확인한 문제의 원인에 대한 신학적인 규범을 확립하는 단계이다. 이를 위하여 필자는 기독교적인 복음의 확산과 소통을 위한 매체의 중요성을 신학적으로 평가

뉴 노멀 시대의 교회와 목회

할 것이다. 이를 통해서 기독교 목회자들과 신자들이 뉴미디어의 가상현실의 문제점을 극복하면서 하나님 나라 복음을 효과적으로 전파하고 계승할 수 있는 신학적인 규범과 토대를 마련하고자 한다.

마지막 전략 단계는 '그러면 우리 설교자들은 어떤 전략과 방법으로 뉴미디어의 부정적인 파장을 극복하고 효과적으로 복음을 소통할 것인가?'라는 질문에 응답하는 단계이다.

I. 21세기 뉴미디어 생태계와 미디어 비평론

1. 뉴미디어 생태계의 등장

인류의 역사는 미디어를 통한 의사소통의 역사라고 해도 과언
이 아니다.2 사람들은 끊임없이 주변 세계와의 의사소통(또는 소
통, communication)을 추구해왔으며, 지식과 정보를 소통함으로
사회적인 영향력을 발휘하고 부를 축적해 왔다. 인류 문명이
원시적인 수렵 시대로부터 농경시대와 산업화시대를 거쳐 지
식정보화 시대로 발전하는 과정에서, 필연적으로 소통을 매개
하는 미디어 역시 비약적인 발전을 거쳐 왔다.

미디어 발전의 역사는 구술이나 이미지, 또는 문자에 의존
하던 전 미디어 시대(pre-media age)와 인쇄 활자와 TV나 라디오
와 같은 전자매체를 사용하던 미디어 시대(media age), 그리고
무선 인터넷으로 기존의 모든 미디어가 융합된 하이미디어 시
대(high media age)로 구분된다.3 2천년대 들어서면서 비약적인

발전을 거듭한 무선 인터넷 기술은 그 이전에 사용된 모든 미디어를 전방위적으로 융합하였다. 그 결과 오늘날 소통을 위한 모든 미디어가 하나로 연결되어 소통 현장에서 시간과 공간의 장벽이 사라지고 전 인류가 뉴미디어 생태계 안에서 하나의 거대한 전 지구적 규모의 의사소통 네트워크(global communication network)를 형성하고 있다.4

	pre—media age			media age			high media age
	구술 시대	형상 시대	문자 시대	활자 시대	청각 시대	영상 시대	융합시대
구어	O						
그림	O	O					media convergence 미디어 융합 시대
문자	O	O	O				
인쇄물	O	O	O	O			
라디오/전화	O	O	O	O	O		
TV	O	O	O	O	O	O	
인터넷	O	O	O	O	O	O	O

최근 한국사회는 비약적인 정보통신기술의 발전 덕분에 세계 최고 수준의 인터넷 인프라를 구축하였다. 2015년에 국제전기통신연합(ITU)은 '정보통신기술(ICT) 발전지수'에서 조사대상 167개 국가 중에 대한민국을 1위로 선정하였다. 'ICT 발전지수'

는 ITU가 각 나라 국민의 ICT 접근성과 ICT 이용도, 그리고 ICT 활용능력을 종합적으로 측정하여 국가별 ICT 발전 정도를 평가한 것이다. 한국은 지난 2010년부터 2013년까지 4년 연속 1위를 기록했지만, 2014년에는 덴마크에게 1위를 내주었다가 2015년에 다시 1위를 재탈환하였다. 한국은 세 가지 부문별 순위에서 ICT 접근성은 9위를, ICT 이용도는 4위를, 그리고 ICT 활용능력은 2위를 차지하였으며, 이 세 가지 범주를 종합한 ICT 발전지수는 종합 1위를 차지하였다. 이렇게 비약적으로 발전한 정보통신 기술력 덕분에 오늘날 무선 인터넷은 현대인들에게 공기와 같은 필수재로 정착되었고, 인터넷이 모든 사물에 내재하는 사물 인터넷(internet of thing, IoT) 시대가 열리면서 이제 인터넷은 현대인의 가시권에서 완전히 사라질 단계를 앞두고 있다.5

이렇게 발전을 거듭하고 있는 정보통신 기술력은 어떤 방식으로 뉴미디어 생태계 환경을 구성하고 있을까? 이 질문에 대한 해답은 CPND로 집약된다. 정법근에 의하면, 현대의 미디어는 콘텐츠(Contents), 플랫폼(Platform), 네트워크(Network), 그리고 디바이스(Device)의 네 가지 요소가 상호작용하면서 현대인들 모두를 무한대의 의사소통을 위한 생태계의 환경을 형성한다.6

CPND의 네 가지 요소 중에 첫째 요소인 콘텐츠(contents)는 미디어를 통해서 유통되는 모든 정보 자료들로서 텍스트, 이미지, 뉴스, 웹페이지, 음원, 동영상, e-book 등이 해당된다. 둘째로 플랫폼(platform)은 좁은 의미로는 온라인상에서 컨텐츠를 제공, 유통하는 기술적인 기반인 운영체제(operating system, OS)를 가리키기도 한다. 좀 더 넓은 의미로는 다음(daum)이나 구글, 페이스북, 카카오톡처럼 온라인상에서 다양한 컨텐츠를 제공하고 이를 유통시키는 사업체나 그러한 사업체가 제공하는 콘텐츠 저장소를 가리키기도 한다. 셋째 네트워크는 콘텐츠를 공급, 유통하는 플랫폼(저장소)을 소비자들과 연결해주는 통신사(SK telecom, KT, LG U+)들을 가리킨다. 마지막으로 디바이스는 소비자가 최종적으로 콘텐츠를 유통하고 소비하는 각종 전자기기들(컴퓨터, 모바일 휴대폰 기기, 단말기)을 가리킨다. 이상의 네 가지 미디어 요소들이 하나로 연결되어 시공간의 장벽이 사라지고 지구촌의 모든 사람들을 하나의 의사소통 네트워크로 연결한 뉴미디어 생태계 환경이 조성되었다.

2. 전통적인 미디어 생태계에 대한 미디어 비평론

그렇다면 이러한 융복합의 의사소통 연결망은 현대인들의 사고방식과 생활양식에 어떠한 영향을 미치고 있는가? 이 질문에 응답하려는 학문적인 시도가 '미디어 생태학'이다. 미디어 생태학(media ecology)은 다양한 미디어들이 인간의 의사소통 과정 전반에 심대한 영향을 미치는 전체 과정을 생태계(ecosystem)의 관점에서 조망하는 것이다. 미디어 생태학(media ecology)이란 용어가 학문 분야에서 공식적으로 사용되기 시작한 계기는, 닐 포스트만이 1968년에 뉴욕대학교에 박사과정 프로그램으로 개설하면서부터 시작되었다.7 하지만 이전부터 마샬 맥루언이나 그 이후 자크 엘룰(Jacques Ellul), 해럴드 이니스(Harold A. Innis), 루이스 멈포드(Lewis Mumford), 월터 옹(Walter Ong)과 같은 여러 학자도 미디어 생태학이란 용어를 공식적으로 사용하지 않았더라도 1960년대부터 전자 미디어가 현대인들과 현대 문명에 미칠 긍정적 혹은 부정적인 파장에 관하여 비평적인 탐구를 시작하였다.8

1) 해럴드 이니스의 미디어 비평론

해럴드 이니스(Heraold Innis, 1894-1952)는 커뮤니케이션 미디어와 사회구조와의 관계를 체계적으로 설명한 최초의 학자로 평가받고 있다.9 해럴드 이니스는 미디어를 '시간 편향적인 미디어'와 '공간 편향적인 미디어'로 구분하여, 미디어의 발전에 따른 문명 발전의 상관관계를 설명한다. 시간 편향적인 미디어 (time-binding media)란 동굴벽화나 석판에 새긴 작품, 또는 구두 커뮤니케이션처럼 소통 매체가 소통 참여자가 소통에 참여하는 특정한 소통 장소나 공간을 벗어나기 어려워서 소통의 분배력은 제한적인 반면에, 그 소통에 참여하는 참여자들 사이에 강력한 상호결속과 권위의식을 형성하는 미디어를 가리킨다. 반면에 인쇄 매체나 신문, 텔레비전은 공간 편향적인 미디어 (space-binding media)로서 시간 구속적 미디어에 비하여 소통 매체가 작고 가벼워서 특정한 시간대를 초월하여 어떤 장소에서든 소통의 확산과 소통의 용이성을 통한 소통 참여자 통제력을 보장하는 미디어이다.[10] 확산이 용이한 공간 편향적인 미디어는 자연히 소통에 참여하는 사람들 사이의 권력 평준화가 쉽게 이루어진다.

해럴드 이니스에 의하면, 고대 이집트는 석판이나 구어(口語)와 같이 시간 편향적인 미디어가 주도하던 시대라면, 이후 문자가 널리 보급되던 그리스 로마 제국은 시간의 속박에서 자유로워진 공간 편향적인 미디어인 문어(文語)를 사용할 줄 아는 엘리트들에 의하여 광범위한 지배력을 통한 거대한 제국의 형성이 가능해졌다고 한다. 또한 그에 의하면, 바람직하고 안정적인 사회는 시간 편향적인 미디어와 공간 편향적인 미디어가 서로 균형을 이루며 사용됨으로써 지식과 권력이 커뮤니케이션 참여자들 사이에 편중의 문제를 초래하지 않는 사회라고 한다.

해럴드 이니스는 고대 제국의 흥망성쇠의 과정을 하나의 제국이나 사회를 압도했던 커뮤니케이션 미디어의 특성을 분석하고 지배적인 미디어의 활용으로 인한 지식의 확산과 그에 따른 권력 행사의 상관관계를 예리하게 분석하였다.11 그에 의하면, 어떤 제국이나 문명의 흥망성쇠는 미디어 자체에 내재된 고유한 특성 때문이 아니라 주도적인 미디어 활용을 통해서 한 사회 내에 지식의 편중이나 독점(monopoly of knowledge)과 그에 따른 권력의 독점 때문에 비롯된다는 것이다.12 또한 현대 문명은 신문과 텔레비전과 같은 강력한 메스 미디어의 발달로 인하여 미디어 생태계 내에 시간의 지속성이나 인류의 근본적인 지향성에 관한 관심보다는 오직 정보 전달의 공간적 확장성에만 집착하면서 현재에만 집착하는 심리(present-mindedness)를 더욱 조장하고 있다고 한다.13

2) 마샬 맥루한의 미디어 비평론

(1) 미디어는 메시지다

마샬 맥루한의 미디어 비평론에서 단연 부각되는 통찰이 미디어는 메시지를 전달하는 도구나 통로가 아니라 미디어 자체가 곧 메시지(the medium is the message)라는 주장이다.[14] "미디어가 메시지"라는 주장은 일차적으로는 미디어를 메시지 전달을 위한 일종의 도구로 경시하는 풍조에 경종을 울린다. 이 주장은 또한 미디어에 담긴 메시지나 내용물과 별도로 미디어 고유의 특성이 함께 전달되고 있음을 예리하게 지적한다. 그리고 새로운 미디어나 기술문명의 발전이 그 이전에는 전혀 예상치 못했던 새로운 메시지들을 쏟아내고 있음에 주목해야 한다는 의미로도 받아들일 수 있다.

예를 들면 산업혁명 이후 철도가 등장하자 기존의 기술문명의 규모를 가속화하고 확대하여, 완전히 새로운 종류의 도시들과 노동과 여가 생활을 창출해 냈다. 이런 일은 철도의 가설 지역이 적도 지대냐 한대 지대냐와는 무관하게 일어났으며, 철도라는 미디어가 운반하는 화물이나 내용이 무엇인지와도 관계없는 일이었다.[15]

맥루한이 미디어와 그에 따른 인간의 커뮤니케이션 양식의 변화에서 주목했던 것이 있다. 그것은 모든 미디어는 전달하려는 내용물이나 메시지를 뛰어넘어서 그 미디어 자체로 새로운 메시지를 전달하면서 문명사적인 변화를 이끌어낸다는 점이다.

(2) 인간의 확장으로서의 미디어

맥루한에 의하면, 미디어의 중요한 기능 중의 하나는 인간의 다양한 감각들을 제한된 시공간의 한계를 넘어서 계속 확장해 준다는 점이다. 예를 들어 책이라는 미디어는 인간의 눈이 시공간의 한계 때문에 접할 수 없는 지식을 바라보고 이해할 수 있도록 해주는 눈의 확장이다. 추운 겨울에 입는 의복은 피부 능력의 확장이다. 자동차는 도보로 갈 수 없는 거리의 여행을 가능하게 해주는 발의 확장이다. 전자신호나 텔레비전은 인간의 중추신경계가 신체적인 한계를 뛰어넘어 지구촌 전체와 실시간으로 연결될 수 있도록 해주는 중추신경계의 확장이다.[16] 이렇게 여러 방면에서 새롭게 등장하는 다양한 미디어들은 단순히 새로운 메시지를 제시하거나 새로운 사회변동을 촉진할 뿐만 아니라, 인간의 감각이 시공의 제약을 뛰어넘어 지구촌 전체와 실시간으로 확장되고 연결될 수 있도록 한다. 맥루한에 의하면, 기술문명이 발달하면서 다양한 미디어들이 등장하였고, 현대인은 그러한 미디어들을 수용하면서 점차 인간의 감각 기관이 변화를 거듭하게 되었다는 것이다.

이렇게 인간과 기술의 상호 관계가 강화되지만 그 종말에 대해서는 낙관론과 비관론이 공존한다. 낙관론은 기술문명과 미디어의 발전을 통하여 "그리스도처럼 인간 능력의 극대화"가

뉴 노멀 시대의 교회와 목회

기대되지만,[17] 또 다른 한편으로는 감각 기관의 확장은 모든 메시지를 모조리 수용할 수 없어서 필연적으로 감각 마비의 문제를 초래한다.[18] 그래서 "불안으로 가득 찬 전기 미디어의 시대는 무의식과 무감각의 시대이기도 하다."[19] 기술문명과 인간의 상호 의존 관계에 대한 맥루한의 입장은 닐 포스트만에게 있어서 더욱 비판적인 입장으로 발전한다.

3) 닐 포스트만의 미디어 비평론

닐 포스트만은 1993년에 출간된 *Technopoly: The surrender of culture to technopoly*에서 커뮤니케이션에 사용되는 도구로서의 미디어뿐만 아니라 좀 더 포괄적으로 인간이 계발하고 발전시킨 모든 기술문명과 그에 따른 문명사적인 파장을 분석하였다. 그는 인류 문명을 도구를 사용하는 문화(tool using culture)와 기술을 중요시하는 문화로서의 테크노크라시(technocracy), 그리고 기술이 인간을 지배하는 테크노폴리(technopoly)로 구분한다.[20] 먼저 도구를 사용하는 문화권에서 도구나 기술은 인간의 문화적인 권위에 역행하지 않고 종교적인 신앙이 기술사용의 제어 이데올로기로 작용하면서 적절한 균형을 유지하였다. 하지만 그 이후 기술과 과학을 중요시하는 테크노크라시에서는 과학과 기술문명이 인간의 문화적인 권위에 도전하기 시작하였다. 그리고 여기에서 더욱 발전한 현대의 테크노폴리 시대에는 기술에 대한 제어 메커니즘이 거의 사라지고 구제불능의 정보 혼란 상태로 빠져들고 있다고 경고했다.

닐 포스트만은 『죽도록 즐기기』(Amusing Ourselves to Death)에서는 20세기 후반 미국 사회에 인쇄술의 쇠퇴와 텔레비전의 급부상 속에 현대의 전자 미디어가 "죽도록 즐기기를 원하는" 인간의 뿌리 깊은 본능에 편승하면서 인류 문명을 전자 미디어에 의한 쾌락 정치로 이끌어가고 있음을 신랄하게 비판한다.[21] 그에 의하면, 텔레비전은 제공되는 정보를 무비판적으로 수용하도록 강제하는 능력이 있다고 한다.[22] 그래서 죽도록 즐기기를 원하는 인간의 뿌리 깊은 쾌락본능을 자극하여 모든 정보를 오락의 형태로 제공한다.[23] 또한 뉴스와 정보를 희화화시키고 정보 과잉의 문제를 초래하면서 정보의 진실성과 인격적인 관여, 그리고 실천성을 무위로 만들고 있다.

구두 및 인쇄문화에서 정보의 중요성은 행동화의 가능성 여부로 결정된다. 물론 어떤 커뮤니케이션 환경에서든 정보 투입량이 행동(가능성) 산출량을 항상 웃돌았다. 그러나 전신이 빚어내고 추후의 테크놀러지들이 더욱 악화시킨 상황은 정보와 행동 간의 관계를 좀 더 추상적이면서 멀게 만들었다. 인류 역사상 처음으로 사람들은 정보과잉의 문제에 직면하게 되었다. 동시에 이는 사람들이 사회적. 정치적 권위의 쇠퇴라는 문제에 직면하게 되었음을 의미하기도 한다.[24]

널 포스트만에 의하면, 전자 미디어가 등장하기 이전에는 정보–행동의 비율이 무척 근접해서, 소통되고 공유되는 정보는 행동을 이끌어내는 행동–가치(action-value)를 지녔다고 한다. 그러나 전자 미디어에 의하여 온 세상의 정보가 복제되고 가공되어 무한대로 쏟아지는 정보 과잉의 시대에 정보는 더 이상의 행동–가치를 발휘하지도 못하고, 정보 수용자의 실존적인 삶이나 실천하는 행동과는 아무런 관련이 없는 정보의 부적절성과 무력감을 증폭시키고 있다.[25]

3. 뉴미디어 속의 가상현실

1) 뉴미디어 생태계 속의 가상현실

현대의 뉴미디어 생태계가 만들어낸 사이버스페이스(또는 가상공간)와 그 속에 형성된 소통 공간의 위력에 대해서 좀 더 자세히 살펴볼 필요가 있다. '사이버스페이스'(cyberspace, 또는 가상공간)는 인공두뇌학(cybernetics)을 의미하는 사이버(cyber)와 공간을 의미하는 스페이스(space)의 합성어로서 물리적인 시공간으로 구성된 현실 세계가 아니라 컴퓨터 미디어나 인터넷 미디어가 매개하여 사람의 두뇌 속에서 지각할 수 있도록 구성된 또 다른 공간(또는 세상)을 의미한다.

'사이버스페이스'(cyperspace)라는 용어는 윌리엄 깁슨(William Gibson)이 1982년에 발표한 소설 『뉴로멘서』(Newromancer)에서 처음 등장하였다.26 깁슨의 사이버스페이스는 컴퓨터 시스템 속에서 특정한 좌표값을 갖는 매트릭스(matrix, 모체 또는 기반)를 가리킨다. 컴퓨터 사용자는 실제 현실 세계 속에서 키보드를 두드리지만 그 컴퓨터와 접속하는 과정에서 특정 시공간의 한계에서 벗어나 컴퓨터 매트릭스 속으로 몰입된다. 그리고 그 가상공간에 포획되어 마치 물리적인 시공간의 생태계 환경에서처럼 자유로운 인식 활동을 누릴 수 있다. 현실 세계 속에서 육체는 일정한 시공간의 좌표에 속박되어 있지만, 수많은 컴퓨터로 연결된 네트워크와 상대하는 정신은 네트워크로 들어가서 그 속에서 자유롭게 사고하며 매트릭스 속에 존재하는 대상들과 의사소통을 진행하거나 교감을 나눌 수 있다.

그런데 깁슨이 1982년에 과학소설(SF, scientific fiction) 『뉴로멘서』(Newromancer)를 통해서 세상에 소개한 사이버스페이스는 그로부터 채 20년도 되지 못하여 전 세계인이 직접 경험할 수 있

는 현실적인 이야기로 바뀌었다. 그리고 전자 프런티어 재단
(EFF: Electronic Frontier Foundation)의 창립자인 존 페리 발로우
(John Perry Barlow)는 1996년에 최초로 스위스 다보스에서 네티
즌들의 기본적인 인권보호를 위한 '사이버스페이스 독립선언
문'을 발표하였다.[27] 이 선언문에서 존 페리 발로우는 기존의
물리적인 시공 환경 속에 위치한 일반 사회와 철저한 단절을
선언하고 기존 사회 권력의 개입을 차단하면서 뉴미디어 생태
계를 통해 형성된 가상공간 속에서 인간의 완전한 자유와 자아
실현을 성취할 수 있다고까지 주장했다.[28]

　　뉴미디어로 인하여 새롭게 형성된 사이버스페이스(가상공간)
는 컴퓨터나 무선 인터넷을 매개로 형성된 공간(CMS, computer
mediated-space)으로서 이 가상공간은 현실 세계와 차이점이 잘
지각되지 않은 가상의 소통 공간(communication space)이다. 컴퓨
터와 모바일인터넷 네트워크를 통해서 구축된 사이버스페이스
는 인류에게 제3의 새로운 시공간을 제공하였다. 이러한 미디
어 환경은 물리적인 현실 세계와의 전인격적인 접촉이 없이도
그 속에서 의사소통과 교감이 가능하기 때문에 그 환경을 가리
켜서 가상공간(virtual space)이나 인공환경(artificial environment)이
라고 부른다. 또한 그 속에서 접촉하는 상호작용의 대상을 가
상현실(virtual reality) 또는 인공현실(artificial reality)이라고 부른다.

그렇다면 뉴미디어 생태계가 만들어낸 사이버스페이스(가상 공간)는 뉴스와 정보 콘텐츠들을 빛의 속도로 확산하는 과정에서 현대인들의 사고방식과 생활양식에 어떤 변화를 초래하였을까?

3) 가상현실 속에서 매개된 상호작용

미국의 미디어 학자인 존 톰슨(John Thompson)에 의하면, 현대의 매스 미디어의 독특성은 세 가지 유형의 상호작용의 구분을 통해서 분명하게 드러난다.[29] 첫째는 사람들이 소통 대상자와 얼굴을 마주하고 진행하는 면대면 상호작용(face-to-face interaction)이다. 면대면 상호작용의 소통에서는 눈에 보이며 귀에 들리는 대상으로부터 전달받는 의미가 전부이다.

그런데 편지나 전보, 또는 전화기가 등장하면서 면대면 상호작용과 전혀 다른 방식의 소통이 일어난다. 전화(나 최근의 문자)를 통한 소통은 개인과 개인 사이의 소통이지만, 풍부한 소통 환경 속에서 이루어지는 면대면 상호작용과 다르다. 매체를 통한 상호작용은 면대면 상호작용과 달리 매체를 통해서 전달 가능한 특정 정보나 사실들만 전달되며, 소통 방식도 매체에 의존하는 매개된 상호작용(mediated interaction)으로 진행된다.

존 톰슨이 주목하는 세 번째 상호작용은 신문이나 TV, 또는 비디오와 같은 매스 미디어를 통한 사회적 관계다. 오늘날 개인들은 매스 미디어를 통해서 타인과 상호작용의 소통에 참가하지만, 세 번째 상호작용은 이전의 두 가지 상호작용과 분명한 차별성을 갖는다. 이전의 두 상호작용이 대화의 차원을 가진 인격적인 상호작용이라면, 매스 미디어를 통한 사회적인 상호작용은 개인이 매스 미디어를 상대로 독백을 하거나 독서를 하는 방식으로 진행된다. 존 톰슨은 이를 가리켜서 '매개된 의사-상호작용'(mediated quasi-interaction)이라고 부른다.[30]

현대인들이 직접 면대면으로 만나보지 못한 사람들이나 직접 가보지 않은 장소, 혹은 직접 목격하지 않은 사건들에 대해서 마치 당사자의 시각으로 말하거나 주장할 수 있는 이유가 있다. 실시간 사건을 보도하는 TV 방송이나 무선 인터넷을 통한 뉴미디어 생태계 환경 속에 형성된 가상공간 속에서 가상현실과 상호작용을 하면서 파급력 있는 정보 콘텐츠를 얻었기 때문이다. 뉴미디어 생태계 환경 속에서 소통하는 현대인들은 물리적인 시공 환경 속의 현실 세계와 직접 소통하지 않고 뉴미디어 네트워킹을 통해서 매개된 현실과 소통한다. 이러한 상호작용이 존 톰슨이 주목하는 '매개된 의사-상호작용'이다.

미첼 스티븐슨(Mitchell Stephens)에 의하면, 현대의 뉴미디어 생태계가 만들어낸 가상공간과 그 속의 가상세계를 살아가는 현대인은 '매개된 현실 세계'(mediated reality)에 살고 있다고 한다.[31] 매개된 현실 세계는 물리적인 시공으로 구성된 현실 세계와 전혀 다르다. 물리적인 현실 세계에서는 인간의 능력이나 욕망이 일정 수준 제약을 받는 세계인 반면, 가상공간 속에서는 인간의 욕망이나 이를 표현할 수 있는 수단이 어떤 제약도 받지 않는 무한대의 세상이다. 물론 인터넷에 실명제를 도입하여 가상공간에서의 개인정보 보호를 위한 제도적인 장치들이 마련되고 있지만, 실명제와 익명성 보장 사이의 적절한 균형점은 쉽게 마련될 수 없어 보인다.

이렇게 인터넷이 만들어낸 가상공간 속에서 실명제와 익명성 보장 사이에 쉽게 해결할 수 없는 긴장이 형성되는 이유가 있다. 물리적인 시공간의 면대면 상호작용과 가상공간의 매개된 의사–상호작용의 주체가 다르기 때문이다. 물리적인 시공간의 면대면 상호작용의 주체가 현실 세계를 살아가는 개인 인격체라면, 가상공간의 매개된 의사–상호작용의 소통을 나누는 주체는 '아바타'(avatar)와 같은 사이버 자아(cyber self)다.

21세기 현대인들이 뉴미디어 생태계 속에서 타인과 매개된 의사–상호작용의 차원에서 소통하고 있는 전형적인 모습이 아바타다. 아바타(avatar)의 어원은 힌두교에서 지상 세계로 강림한 신의 육체적인 형태를 의미하는 산스크리트어 '아바타라'에

뉴 노멀 시대의 교회와 목회

서 유래되었다. 힌두 신화에서는 신이 현세를 방문하는 동안에 인간이나 동물의 몸을 잠시 빌려서 나타나며 아바타는 이러한 일시적인 육체(temporary body)를 가리킨다. 21세기에 인터넷 가상공간에서 아바타는 현실 세계에서 활동하는 인터넷 사용자를 대신하는 그래픽 애니메이션 캐릭터이다. 이는 인터넷 가상공간 속의 3차원 영상이나 가상현실 게임, 또는 채팅에서 자신을 대신 표현하는 그래픽 아이콘으로 현실의 자아를 대신하는 사이버 자아이자 가상의 인격체이다.[32]

21세기 이전의 사람들은 물리적인 시공 환경 속에서 면대면의 상호작용으로 소통하였다. 하지만 21세기 뉴미디어 생태계 환경 속에서 상호작용하고 소통하는 현대인들은 가상의 인격체인 아바타를 대리자로 내세워서 가상공간 속의 가상현실과 상호작용을 나누고 그 속의 사이버 자아들과 의사소통을 나눈다. 물리적인 시공간의 생태계 환경 속에서 소통하는 참 자아(A)는 동일한 생태계 환경을 살아가는 다른 참 자아(B)와 일정한 시공의 환경을 함께 공유하며 소통한다. 하지만 뉴미디어 생태계 속의 가상공간 속에서 매개된 의사–상호작용을 나누는 사람은 그 가상세계 바깥의 참 자아가 아니라 참 자아를 대신하는 아바타, 곧 사이버 자아(A')가 또 다른 사이버 인격체들(B', C', D' …)과 매개된 의사–상호작용의 의사소통을 나눈다.[33]

그렇게 뉴미디어 생태계 안의 가상공간에서 사이버 자아인 아바타들끼리 매개된 의사—상호작용으로 소통을 나눈다면 그러한 소통은 과연 진정성이 있는 소통일까? 혹시 진정성이 확보되지 않은 헛된 소통을 나누는 것은 아닐까? 이 질문에 응답하기 위해서 가상공간이 만들어낸 가상현실의 인식론적인 한계에 대해서 살펴보자.

4) 가상공간 속의 아바타와 시뮬라크르

사이버스페이스는 정보 수용자들에게 새로운 현실, 즉 가상현실(virtual reality) 또는 인공현실(artificial reality)을 만들어서 실제로 존재하는 현실세계로부터 가상현실 세계로 이주시킨다. 뉴미디어 생태계가 물리적인 시공의 생태계 환경을 살아가는 사람들을 가상공간으로 이주시키는 위력을 발휘하는 이유가 있다. 뉴미디어 생태계 환경은 인간의 욕망을 속박하지 않고 그 욕망을 극대화하여 표현할 수 있는 풍부한 가능성을 제공하기 때문이다.

예를 들어 미사일을 발사하고 탱크가 돌진하는 현대의 전쟁을 보도하는 실시간 뉴스 방송은 시청자들에게 전쟁의 현장감(sense of presence, 또는 현존감)과 시청자 개개인이 전쟁 현장에 직접 참여하는 것 같은 실재감(sense of reality)을 제공한다. 이러한

뉴 노멀 시대의 교회와 목회

현장감과 실재감은 현대의 거대한 조직 사회 속에서 개인적인 견해를 확인하고 표현할 기회를 박탈당한 사람들에게 마치 자신이 국방장관이나 대통령의 위치에서 향후 안보 정세를 위하여 중요한 판단이나 깊이 있는 사고, 또는 결정적인 역할을 감당하는 기회를 제공한다.

91년 1월 중동의 쿠웨이트에서는 이라크군을 격퇴하기 위하여 미국 주도의 34개국 다국적 연합군의 격퇴 작전이 시작되었다. 이때 CNN 방송은 미국의 폭격기가 전함에서 발진하는 모습부터 시작하여 이라크군을 향한 폭격기의 폭격 장면까지 실시간으로 방영하여 현실 세계에서 벌어지는 비극적인 전쟁을 마치 "비디오 게임 전쟁"과 같은 느낌을 심어 주었다. 당시 미국인들과 전 세계의 수많은 시청자가 CNN 방송에 몰입할 수 있었던 배경에는 그 방송이 시청자들에게 불의와 폭력을 행사하는 이라크의 후세인을 자신이 처벌하는 것 같은 현장감과 실재감을 제공했기 때문이다.

이러한 현장감과 실재감이 때로는 역사 현실을 살아가는 시청자들의 민주의식의 발전과 성숙을 가져오기도 한다. 예를 들어 1988년 대한민국의 13대 국회는 제5공화국 정부 시절 각종 권력형 비리 문제와 5·18 광주민주화 운동의 진실 규명을 위한 "5공화국 청문회"를 진행하였고, 그 내용이 언론의 TV를 통해

서 생중계로 보도되었다. 홍석경에 의하면, 5공청문회 TV 중
계방송은 "전 국민을 간접적으로 청문회라는 의회 절차 속에
참여시켜 5공화국 시절에 억압되었던 것들을 욕하고 뱉어내고
두들기고 탈 신화했던 TV가 매개하는 한판 굿"으로 해석한
다.34 청문회 방송을 통해서 새로운 사실들이 폭로되거나 근본
적인 문제가 해결된 것도 아니었다. 홍석경에 의하면, 당시 5공
청문회 TV 중계방송은 5공 비리의 근본적인 문제를 해결하지
도 못했지만, "아무것도 해결하지 않으면서 자신의 존재 이유
를 정당화해야 하는 도시 중산층의 이데올로기적 구성물에 부
응하는 해독 구성체로 기능했다는 것이다. 2011년 중동 지역
"아랍의 봄" 민주화 운동 역시 튀니지 청년의 분신자살이라는
하나의 정치적인 사건이 이슬람 독재정권 하의 여러 나라의 민
주화 운동으로 확산한 기제로 인터넷과 미디어의 역할을 간과
할 수 없다.35

　이렇게 뉴미디어 생태계 환경이 현대인들에게 물리적인 생
태계 환경에서 직접 경험할 수 없는 현장감과 현존감을 제공하
는 배경에는, 뉴미디어 생태계 환경이 그 세계에 참여하는 시
청자들이나 가상세계 접속자들에게 역사 현실의 생태계에서는
결코 경험할 수 없는 초현실의 세계를 경험하도록 해주기 때문
이다.

　　　　　　　　　　　　뉴 노멀 시대의 교회와 목회

현대의 가장 영향력 있는 미디어 학자인 장 보드리야르(Bau-drillard)에 의하면, TV나 비디오와 같은 전자매체는 시청자들에게 매체 없이 직접 눈으로 대면하는 현실 세계를 보여주는 것이 아니라, 이전의 사람들이 전혀 지각할 수 없었던 새로운 초현실 세계(hyper reality world)를 구성한다.[36] 장 보드리야르에 의하면, TV와 같은 현대의 전파매체들은 이전 시대에는 경험하지 못하는 새로운 초실제 세계(hyper reality world)를 만들고 이 초실제의 세계 안에서는 사람들의 실제 행위와 미디어의 프레임을 통해서 가공된 이미지들이 뒤섞이면서 구성된다. 장 보드리야르는 사람들이 실제세계에서 경험하거나 지각할 수 없는 가상의 이미지들을 가리켜서 시뮬라크르(simulacre)라고 부른다. 시뮬라크르는 현실세계에서는 실제로 존재하지 않는 대상이지만 마치 그것이 존재하고 또 사람들이 지각하거나 느낄 수 있는 것처럼 만들어 놓은 인공물을 의미한다. 실제로는 존재하지 않지만 마치 존재하는 것처럼 느껴지는 인공물, 또는 실제보다 더 실제처럼 느껴지는 가공물이나 그런 대상의 이미지가 시뮬라크르(simulacre)이다.

2016년 말 미국에서는 부동산 개발업자 출신인 도널드 트럼프(Donald Trump) 후보가 민주당의 힐러리 후보를 이기고 미국의 45대 대통령으로 당선되었다. 주류 언론사의 예측을 깨고서

트럼프가 당선될 수 있었던 배경에는 트럼프가 한 편으로는 막말 파문으로 언론의 주목을 끌면서도 리얼리티 TV쇼에서 미국인들에게 자신을 성공한 기업가 이미지를 각인시켜 몰락한 미국의 중산층의 표심을 공략하는 공약으로 유권자들의 마음을 얻는 데 성공했기 때문이다. 이 과정에서 SNS 미디어를 적극 활용한 쪽은 단연 트럼프였다.[37]

오늘날 일반 대중에게 강력한 설득력을 발휘하고 막강한 영향력을 행사하는 것은 있는 그대로의 객관적인 현실 세계가 아니라 뉴미디어 생태계 속의 매개된 실재(mediated reality)와 가공된 시뮬라크르(simulacre) 이미지들이다. CPND로 구성된 뉴미디어 생태계가 현대인들 앞에 가상공간을 만들고 인간의 무한한 상상력과 욕망을 자유롭게 표현할 수 있는 기술적인 기제들을 활용하여 현대인들을 가상세계 속으로 유인한다. 또한 그 속에 존재하는 사이버 자아인 아바타와 소통을 유도하거나 현실 세계에 존재하는 사물의 이미지보다 더 현실감을 주는 초현실의 이미지인 시뮬라크르와 매개된 상호작용을 나누도록 유도하고 있다.

뉴 노멀 시대의 교회와 목회

II. 뉴미디어 생태계가 기독교적인 소통 환경에 미친 영향

1. 전통적인 설득력 구조의 쇠퇴

뉴미디어 생태계가 현대사회의 커뮤니케이션 메커니즘에 미친 큰 영향은 일반 사회와 기독교 교회를 막론하고 전통적인 권위 구조가 예전과 같은 영향력을 더 이상 행사하지 못하도록 한다는 것이다. 만일에 기독교 교회가 뉴미디어 시대에도 계속해서 전통적인 권위 구조를 고집한다면 뉴미디어 생태계는 당연히 기독교 교회에 부정적인 장애물로 작용할 수도 있다.

데이비드 웰즈(David Wells)는 20세기 이후 서구 사회에서 기독교적인 가치관과 영향력이 점차 퇴조하는 원인을 교회가 의존해왔던 전통적인 권위 구조의 붕괴에서 찾고 있다.[38] 데이비드 웰즈에 의하면, 과거 서구 사회를 하나로 묶어 준 것은 전통과 권위, 그리고 권력이었다고 한다. 전통이란 "한 세대가 그

뒤를 잇는 다음 세대에게 축적된 지혜와 지식과 가치를 전달하는 통로"이다. 과거에는 가정이 다음 세대에게 지혜를 전달하는 중요한 통로 역할을 감당했다. 하지만 인본주의와 기술혁신, 그리고 상업주의의 등장으로 가정이 붕괴되고 공교육이 무너지면서, 이전 세대가 축적한 지혜가 다음 세대로 전달되는 전통적인 가정과 공교육의 역할이 점차 무의미해지고 있다. 오늘날 정치, 경제, 사회, 문화 전 영역에서 전통적인 권위 역시 영향력을 잃어가고 있다.39

데이비드 웰즈에 의하면, 하나님 나라와 신자 내면의 신앙의 상호 관계에서 하나님 나라가 신자 내면에 신앙으로 뿌리내리려면 반드시 내면적인 신앙을 외적으로 인증해주는 외부적인 네트워크가 동원되어야 한다.40 기독교적인 메시지를 소통하고 확산하는 과정에서 수용자에게 내면적인 신앙을 외부적으로 인증해주고 확인해 주는 설득 메커니즘이 바로 설득력 구조이다. 사회학자 피터 버거(Peter Berger)는 외부적인 사건이 사람들의 내면세계에서 의미와 가치를 확보하도록 중재하는 연결고리를 가리켜서 '설득력 구조'(plausibility structure)라고 한다.41 근대 이전 중세 시대에는 높다란 교회 건물이나 그 건물 안에서의 장엄한 예배 예전, 현실 사회와 연결된 강력한 설교 메시지, 그리고 교회 바깥의 기독교적인 사회구조, 복음적인 법률

뉴 노멀 시대의 교회와 목회

체계, 사회적인 영향력을 발휘하는 목회자들과 신자들의 실제 거룩한 삶, 기독교적인 도덕과 윤리 체계와 같은 사회적인 하부구조(social infrastructure)가 보이지 않는 하나님 나라가 신자들의 내면적인 신앙으로 뿌리내리도록 하는 '설득력 구조' 역할을 감당했다.

하지만 뉴미디어의 등장으로 현대인들은 내면의 신앙을 확보하거나 판단에 기초한 행동을 할 때 더 이상 전통적인 '설득력 구조'를 따르지 않는다. 이들에게 필요한 지식과 정보를 제공하고 가치 판단의 근거로 작용하는 것은 인터넷과 사이버스페이스 속의 가상현실이다.

이렇게 현대인들에게 영향력을 행사했던 전통적인 권위 구조와 설득력 구조가 쇠퇴하면 현대인들에게 새롭게 부각되는 설득력 기제와 의사소통의 구조는 무엇인가? 전통과 권위가 사라진 현대사회를 여전히 하나의 사회집단으로 결속해 주는 연결고리는 무엇인가? 21세기 현대 한국 사회에서 새로운 설득력 구조로 영향력을 행사하는 대표적인 뉴미디어가 텔레비전 방송과 무선 인터넷이다.

데이비드 웰즈에 의하면, 현대의 텔레비전이 현대인들에게 영향을 미치는 핵심 기능은 다음 세 가지다.[42] 첫째는 현대의 텔레비전은 현대인들이 문화를 따라가기 위하여 알아야 하는 것을 확인해 주는 매개체 노릇을 한다는 것이다. 둘째는 텔레비전은 다른 사람과 똑같아지기만을 추구하는 타인 지향적인 인간형을 만들어낸다는 것이다. 그리고 셋째로 현대의 텔레비전은 과거에서부터, 외부 세계에서부터, 공동체 의식에서부터 완전히 벗어난 변형된 내면 지향적 개인을 만들어낸다는 것이다.

전통적인 권위 구조를 더 이상 인정하지 않는 21세기 현대인들에게 TV 방송이 새로운 설득력 구조로 작용하는 대표적인 현상이 쿡방(또는 먹방)과 같은 리얼리티 방송물의 증가이다. 20세기까지 사람들은 배고픔을 면하거나 노동에 필요한 에너지를 얻으려는 신체 동력의 관점에서 음식을 섭취하였다면, 오늘날 물질적인 풍요와 정신적인 공허의 시대에는 의미 있는 체험과 타인과의 공감을 위해서 식사 시간을 갖는다.

1인 가구의 증가와 의미 있는 식사와 같은 개인의 소비 생활의 중요성이 점차 부각되면서, TV나 인터넷의 먹방(또는 쿡방)이 소개하는 식생활 패턴을 그대로 모방하는 시청자들이 엄청난 규모를 형성하고 있다.[43] '먹방'은 '먹는 방송'의 줄임말로 쿡방이라고도 한다. 2009년 1인 인터넷 방송 아프리카TV에 먹는 모습을 방송하는 문화가 생겨났고 이후로 최근까지 TV에서 유명 연예인이 음식을 먹는 방송이 높은 시청률을 유지하고 있다. 방송에 소개된 식당이 전 국민에게 홍보되어 수많은 방문객

이 쇄도하거나, 방송에 소개된 음식 재료가 시장이나 식품 마켓에서 순식간에 동이 나기도 한다. 또 쿡방을 진행하는 셰프가 소개한 레시피는 전 국민이 즉시로 그대로 따라 만들어 먹는 전 국민의 획일화된 메뉴로 부상한다. 이렇게 뉴미디어 생태계 속에서 살아가는 현대인은 TV의 리얼리티 쇼(ex., 먹방이나 쿡방)를 통해서 무슨 음식을 어떤 메뉴로 요리하여 어떻게 섭취해야 하는지에 대해서 자세한 안내를 받으면서 음식이나 식사와 관련된 문화적 정체성(cultural identity)을 형성, 유지하고 있다.

2. 실제 현실과 가상현실의 괴리감

그렇다면 CPND로 구성된 뉴미디어 생태계 환경은 현대인들이 원하는 것을 제대로 제공할 수 있을까? 오늘날 뉴미디어 생태계 속의 가상공간 속에는 거의 무한대의 지식과 정보 콘텐츠가 넘쳐난다. 뉴미디어 기술 덕분에 현대인은 이전 인류와 비교할 수 없는 거의 무한대의 지식과 정보를 확보한 것처럼 보인다.

하지만 과연 뉴미디어 생태계가 현실 세계보다 더 나은 행복을 보장할 수 있을지는 의문의 여지가 남는다. 그 이유는 뉴미디어 생태계 속의 가상세계는 사람이 항구적으로 살아갈 수 있는 세계가 아니라 존재하지 않는 세상을 잠깐 보여주는 가공된 창문에 불과하기 때문이다. 아무리 가공된 창문이 매력적이라고 하더라도 그 창문은 현실 세계를 향하여 열린 창문이 아니라 그럴듯한 현실감이나 현장감, 또는 현존감을 제공하는 시뮬라크르의 창문에 불과하다.

가상공간에서는 자아의 분신인 아바타가 다른 아바타나 시뮬라크르와 상호작용을 즐기더라도, 자아는 결코 사이버 공간 속으로 완전히 들어가서 그 세계 안에서 삶을 영위하거나 지속할 수 없다. 자아가 살아내야 하는 세계는 뉴미디어 생태계 속의 가상현실 세계가 아니라 신체적으로 접촉할 수 있고 오감으로 느낄 수 있는 구체적인 현실 세계이다.

그럼에도 불구하고 사람들이 뉴미디어 생태계가 구성한 가상세계에 열광하고 인터넷 중독에서 쉽게 빠져나오지 못하는 이유는 무엇일까?[44] 발터 벤야민(Walter Benjamin, 1892-1940)에 의하면, 근대 이후 비약적으로 발전해온 과학기술이 예술의 영역에 적용되어 고유한 예술작품들을 거의 무한 복제가 가능한 시대가 시작되었다. 원래 예술작품은 그 작품의 고유한 생명력과 같은 아우라를 가지고 있다. 아우라(aura)는 라틴어로 공기나 공기의 독특한 향기를 의미한다. 인간에게는 그 한 인격체를 둘러싸는 신비한 광채의 현상이나 한 인간으로부터 흘러나오는 고유한 정서적 또는 정신적 작용과 영향 전체를 의미한다. 그런데 예술작품에 대한 대량 복제가 가능한 시대에는 수없이 복제된 사본들 때문에 특정 작품 고유의 아우라(aura)가 사라져 버리고 말았다.[45]

　뉴미디어 생태계 속의 시뮬라크르에는 사물 고유의 현실감을 발산하는 아우라가 없다. 실제 현실 세계는 자아가 인지를 하든 인지를 못하든 객관적으로 존재한다. 하지만 뉴미디어 생태계 속의 가상현실은 마치 인터넷 공간 속에 객관적으로 존재하는 것처럼 보이지만, 실은 시뮬라크르와의 상호작용을 통해서 자아 내면에 내재화된 실재감(sense of presence)이다. 오늘날에는 무선 인터넷을 통해서 얼마든지 세계적인 명소들을 직접 방문하지 않더라도 그 장소에 대한 실재감과 기시감(既視感· 데자뷰, déjà vu)을 얻을 수 있다.[46]

　가상세계가 제공하는 실재감이나 기시감, 현장감, 혹은 현존감은 중요한 차원에서는 실제 현실 세계와 전혀 일치하지 않는다. 왜냐하면 가상세계가 제공하는 실재감이나 현장감은 그러한 시뮬라크르를 제공하는 미디어 권력의 수사적인 의도가 반영되어 있기 때문이다. 미첼 스티븐슨에 의하면, "뉴스가 풍요해지면서 일어난 변화는 미디어를 통해 주장되는 세계(obtrusive world as announced)와 현실에 있는 그대로의 세계(unobtrusive world as is)가 서로 경쟁한다는 점이다."[47]

사회학자 앤서니 기든스는 현실 세계의 실재와 사이버 공간 속의 왜곡된 이미지 사이의 불일치 문제를 '컴퓨터 모니터 앞에 앉아 있는 개'에 관한 만화로 설명한다.[48] 피터 스타이너(Peter Steiner)는 1993년 6월 5일 자 미국의 주간잡지 '뉴요커'(The New Yorker)에 게재한 카툰의 글로 인터넷 공간의 왜곡된 시뮬라크르의 실상을 다음과 같이 통렬하게 고발하였다: "인터넷에서는 아무도 당신이 개(dog)라는 사실을 모른다." 오프라인의 현실 세계에서는 개처럼 행동하더라도 온라인에서는 미디어 권력의 지에 의하여 조작된 이미지들인 시뮬라크르의 환영만 떠돌기 때문에, 인터넷상에서는 아무도 모니터 앞의 현실 세계를 살아가는 사람이 어떠한 수준의 사람인지를 알 수 없다. 그런데 21세기 뉴미디어 생태계가 지배하는 현대 사회에서 더욱 놀라운 점은 인터넷상에서는 모두가 개(dog)이고 모두가 그 개를 좋아한다는 것이다.[49]

뉴미디어 생태계 환경이 제공하는 시뮬라크르의 환영으로부터 자유롭지 않은 현대인들은 피터 스타이너의 예리한 통찰에 주의를 기울일 필요가 있다. 왜냐하면 옛날이나 지금, 혹은 앞으로도 소통이 진행되는 모든 공간에는 소통 당사자들의 권력 의지가 작용하고, 권력에 대한 비평의식이 없으면 소통 과정 전체가 권력 의지에 의하여 왜곡되기 때문이다. 옛날이나 지금이나 소통 매체는 권력으로부터 결코 중립적일 수 없고, 미디어를 통해서 확산되는 시뮬라크르 속에는 현실과 다른 이미지를 소통하려는 미디어 권력의 의지가 개입될 수밖에 없다. 특정한 시공의 환경에 참여하는 참여 당사자들은 반드시 그 시공 환경을 주도하고 소통을 장악하려는 권력 의지를 형성한다.[50]

뉴미디어 생태계 환경에 의하여 형성된 가상세계와 현실에 있는 그대로의 세계가 서로 경쟁하는 대표적인 영역이 권력이 집중된 정치계이다. 현대인들은 뉴미디어 생태계의 막강한 영향력 때문에 정치 지도자들과 면대면 상호작용의 기회를 박탈당해서, 실제 현실 세계에 존재하는 정치 지도자의 실상을 제대로 알 수 없다. 실제 현실 세계를 살아가는 정치 지도자의 생각이나 그 삶의 실상을 정확히 알 수 없다면, 일반 대중들에게는 뉴미디어의 가상세계가 제시하는 가공된 시뮬라크르가 그 지도자의 전체 모습이다.

문제는 CPND로 구성된 뉴미디어 생태계의 소통 네트워크가 점차 전 지구적으로 확대되고 여기에 참여하는 소통 참가자들의 규모가 확대될수록, 그 미디어를 관리하고 운용하는 권력(권력자 개인이거나 권력집단)의 의지가 미디어로부터 완전히 분리되기 어렵다. 겉으로는 소통 참여자의 자유와 평등, 그리고 민주 정신이 미디어 권력을 통제할 수 있는 것처럼 보이지만, 일반 대중이 미디어 권력이 주도하는 왜곡된 시뮬라크르의 통제력에 맞서기가 쉽지 않다.

그렇다면 실제 현실로부터 얻을 수 있는 현장감(또는 현존감, sense of presence)과 가상현실 속의 왜곡된 시뮬라크르로부터 얻는 현장감을 어떻게 구분할 수 있을까? 현실 세계에서 소통을 하거나 상호작용할 때 소통의 당사자들이 확인하는 현장감과 실재감은 특정한 시공의 고유한 물리적인 환경 속에 공존함으로 발생하는 현장감이자 실재감이다. 그 현장감과 실재감은 그 시공의 환경 속에 존재하지 않으면서 마치 존재하는 것처럼 느끼는 막연한 기분이나 느낌이 아니다. 소통 당사자가 특정한 시공의 고유한 물리적인 환경 속에 상대방과 함께 공존하면서 면대면 상호작용하여 나누는 소통 사건에서는 머릿속에서 인식하는 메시지의 내용과 그 내용이 지시하는 실제 대상 사이에 이상적으로는 소통의 일치도가 완벽하게 일치할 수 있다. 현실 세계 속에서 소통할 때의 자아가 느끼는 현장감과 실재감은 그 느낌이 지시하는 실제 시공의 소통 환경이나 소통 대상과 완벽하게 일치한다.

하지만 뉴미디어 생태계 속의 가상현실과 소통할 때는 자아

뉴 노멀 시대의 교회와 목회

가 상호작용하는 대상은 실제 현실 세계에는 존재하지 않고 오직 가상공간 속에만 존재하기 때문에 현실 세계와 무관한 현장감이나 실재감을 느낄 수 있다. 그래서 사이버 공간에서 체험하는 현장감이나 현존감은 현실 세계에서의 지행합일이나 지행일치의 간격을 제대로 좁혀주지 못한다.51 사이버스페이스 속의 가상현실은 현실 세계에 존재하지 않은 허상의 이미지들이고 존재하지 않지만 존재하는 것처럼 느끼게 만드는 시뮬라크르이기 때문이다. 이런 이유로 뉴미디어 생태계 환경이 더욱 풍요로워지고, 제공하는 정보 콘텐츠가 증가할수록 가상세계와 현실세계 사이의 거리감도 함께 증가한다.

3. 정보 무력감과 지행불일치

닐 포스트만에 의하면, TV나 인터넷과 같은 전자 미디어 시대 이전에는 정보 수용자 편에서의 정보-행동의 일치도가 매우 높아서, 소통되고 공유되는 정보는 행동을 이끌어 내는 행동-가치(action-value)를 충분히 확보했다고 한다. 그러나 전자 미디어를 통해서 세상의 온갖 정보와 이미지들이 무한대로 쏟아지자, 행동-가치가 배제된 정보로 변질되면서 정보 수용자의 실존적인 삶이나 실천적인 행동에 아무런 영향을 미치지

못하는 정보 무력감을 증폭시키고 있다.[52]

'소유와 정기고'가 부르는 '썸'이라는 유행가는 현대인들이 실제로 존재하지 않는 가상현실 속에서 느끼는 초현실적인 기시감과 이로 인한 정보 무력감을 잘 표현하고 있다. "가끔씩 나도 모르게 짜증이 나"로 시작되는 썸은 '요즘 따라 내꺼인듯 내꺼 아닌 내꺼 같은 너. 니꺼인 듯 니꺼 아닌 니꺼 같은 나' 때문에 '헷갈려'하는 현대 청춘의 심리를 잘 보여준다. 이성을 사랑하는지 아니면 싫어하는지 자신의 감정을 확신하지 못한다. 왜냐하면 오늘날 젊은 청년들이 느끼는 사랑과 결혼의 의무감은 현실 세계에서 일종의 롤모델로 존재하는 부모님이나 사회지도층 인사들의 사랑과 결혼생활로부터 형성된 것이 아니라 영화나 드라마로부터 학습한 비현실적인 감정이 주도하는 사랑이기 때문이다. CPND로 형성된 뉴미디어 생태계 속에서 이리저리 표류하는 왜곡된 시뮬라크르가 제공하는 사랑스러운 감정이나 결혼을 향한 열정이나 의무감은 그 자체로 한결같이 모호하고 자신의 인생과 결혼하려는 상대방 인생 전체를 책임져 줄 것 같은 확신도 전혀 제공하지 못하기 때문이다.

이렇게 실제 세계가 제시하는 현존감과 가상공간의 시뮬라크르가 제시하는 환상적인 기시감이나 현존감이 다를 뿐만 아니라 시뮬라크르의 환상이 때로는 실제 세계에 대한 이해와 그

대응 능력을 방해함에도 불구하고 더욱 많은 사람이 휴대전화나 무선 인터넷에 빠져드는 시간이 계속 늘어나고 있다. 그래서 21세기 한국사회의 소통 메커니즘을 근본적으로 바꾸어 놓은 휴대전화와 이로 인한 생활양식의 변화에 대해서 다각도로 분석한 김성도는 휴대전화 때문에 빠질 수 있는 환상을 피해야 한다고 조언한다. "휴대전화가 접근하도록 해 주는 세계가 완전한 객관성의 세계라는 환상이다. 그러나 결코 그렇지 않다. 휴대전화가 제시하는 세계는 완전히 주관성으로 이뤄진 개인의 세계일 뿐이다."[53]

앞으로 사물인터넷 시대가 열리고 인공지능시대가 열리면서 뉴미디어 생태계 환경은 더욱 전방위적으로 물리적인 현실 세계의 생태계를 대체할 것이다. 사물인터넷 시대가 열리면 인터넷은 마치 생활 속에서 그 존재를 의식하지 못하지만 생존에 필수적인 공기처럼 그 존재감을 느끼지 못할 정도로 사라질 것이다. 그리고 사물인터넷이 구성하는 뉴미디어 생태계 환경은 현대인의 사고방식과 생활양식을 이전과 비교할 수 없을 정도로 바꾸어 놓을 것이다. 그러한 비약적인 발전에도 불구하고 뉴미디어 생태계 환경이 제시하는 가상세계와 그 세계에서 매개된 소통에 참여하는 사이버 자아, 그리고 조작된 시뮬라크르는 결코 실제로 존재하는 역사 현실 세계를 대체하지 못한다.

또한 뉴미디어 생태계가 발전할수록 두 세계 사이의 괴리감과
이질감 역시 증대할 것이다.

뉴 노멀 시대의 교회와 목회

III. 뉴미디어 생태계가 설교 생태계에 미친 영향

21세기 한국사회에서 목격되는 미디어 생태계의 변화가 기독교 설교의 커뮤니케이션과 설교 생태계에 미친 중대한 영향으로는 ① 설교 메시지의 과잉, ② 설교 커뮤니케이션에서 설교자의 진정성에 대한 무관심, ③ 일반 대중의 소비적인 기호에 부응하는 설교의 편향성, ④ 행동-가치가 배제된 설교 메시지의 문제를 지적할 수 있다.

1. 설교 메시지의 과잉과 진정성에 대한 무관심

전자정보통신 미디어가 주도하는 융합사회의 중요한 특징을 정보의 폭발과 정보의 홍수, 또는 정보과잉에서 찾아볼 수 있듯이,54 90년대 이후 한국교회 내에서도 인터넷과 기독교 방송, 그리고 각종 출판물을 통해서 엄청난 설교 메시지들이 생산,

유포되고 있다. 인터넷과 각종 출판물, 그리고 텔레비전을 통해서 하나님 말씀의 선포로서의 설교 메시지가 대량으로 유포되고 있는 문제를 긍정적으로 바라볼 수 없는 결정적인 이유가 있다. 일반적으로 정보과잉은 탈진정성의 문제와 결부되어 있으며,55 설교 메시지의 과잉의 문제 역시 설교 소통을 주도하는 설교자의 진정성에 대한 무관심과 결부되어 있기 때문이다.

그렇다면 설교 메시지의 과잉이 어떻게 설교의 진정성을 침해하는가? 설교과잉과 설교진정성의 소멸의 상호관계를 이해하려면, 먼저 설교 메시지가 폭발적으로 쏟아지게 된 배경부터 살펴볼 필요가 있다. 설교 메시지가 폭발적으로 증가하는 배경에는 목회 현장의 필요와 전자 미디어의 지원이 상호작용하고 있다. 한국의 대부분의 교회에서 목회자는 새벽기도회를 포함한다면 주일 3회와 주중 예배 2회, 그리고 일주일의 새벽기도회 7회를 포함하여 매주 최소한 12회 이상 설교 메시지를 준비하고 전달해야 한다. 이렇게 과중한 의무를 감당하려면 설교자들에게는 초인적인 능력이 요구된다.

그런데 인터넷과 전자 미디어의 발달 덕분에 설교자들은 설교 준비 과정에서 진지한 인격적인 관여가 배제된 채로 다른 설교자들의 설교를 활용할 수밖에 없는 현실적인 유혹에 직면하게 되었다. 인터넷과 같은 전자 미디어 덕분에 설교 준비와

뉴 노멀 시대의 교회와 목회

전달은 훨씬 쉬워지고 설교과잉을 요구하는 목회 현실에 적절히 부응할 수 있게 되었다. 하지만 그만큼 설교에서 설교자의 인격적인 진정성의 문제는 크게 흔들릴 수밖에 없다.

설교자의 진정성 결여의 문제는 설교 준비 과정에서 다른 설교들을 쉽게 활용하거나 표절하기 때문에 심화되기도 한다. 게다가 설교 전달 과정에서 설교 메시지에 각종 시청각적인 미디어가 동원되기 때문에 그만큼 설교자의 인격적인 진정성이 개입할 수 있는 여지가 줄어든다. 전자 미디어가 지배하는 시대에 커뮤니케이션의 성패는 멀티미디어 기술을 통해서 정보를 효과적으로 가공하고 유통하는 기술적인 완결성에 달렸다. 미디어 기술의 완결성은 곧 가공된 이미지들과 밀접한 관련을 맺는다.

예를 들어 대형교회에서 수만 명을 대상으로 설교하는 설교자의 경우에 그가 강단에서 제시하는 기독교적인 정보나 지식이 실제로 그가 실존적인 삶의 현장에서 전인격적으로 실천하고 있는지의 여부에 대한 궁금증을 자아낸다. 대형교회 목회자의 설교 진정성 문제는 신자들이 설교자의 실존 세계를 거의 투명할 정도로 파악하고 있는 중소형교회 목회자들의 설교 진정성 문제와 많은 차이가 있다. 설령 대형교회에서 설교를 듣는 청중들이 설교자의 인격적 진정성에 대하여 관심을 갖더라도, 메시지를 지탱하는 설교자의 진정성은 베일에 감추어져 있다. 또한 자신들에게 제공되는 메시지는 거대한 스크린을 통해서 청산유수처럼 현란하게 쏟아지는 설교자의 달변과 감성적인 통찰들 뿐일 때가 적지 않다.[56]

멀티미디어가 주도하는 전자 문명 시대가 계속될수록, 설교 커뮤니케이션에서 설교자의 진정성에 대한 무관심은 설교자 자신에게서나 청중의 입장에서 감소되기보다는 더욱 심화될 것이다. 왜냐하면 전자문명 시대는 기본적으로 커뮤니케이션 과정에서 전자미디어의 비중을 더욱 늘려가는 시대이기 때문이다. 설교 환경에서 전자 미디어의 비중이 커지면 설교자의 인격적인 진정성이 관여할 수 있는 여지는 그만큼 줄어들 수밖에 없다. 신광은의 지적처럼 전자 미디어는 탈육체화와 비인격화 현상을 더욱 조장한다.[57]

그러나 기독교 설교자는 참다운 기독교 설교는 결국 "자신의 인격을 통해서 전달되는 진리"임을 명심해야 한다. 바이런 얀에 의하면, "청중은 설교 내용만큼이나 설교에서 배어나는 설교자의 인격을 보고 설교의 진정성을 판단하는데, 노련한 설교자들은 이것을 직감적으로 안다. 교인 대부분은 자기 목사의 열정과 확신과 관심과 물음과 감수성과 단언이, 그가 믿음의 사람으로서 지닌 정체성을 비춰주는 친숙한 거울이라고 여긴다. 시간이 흐르면서 최고의 설교에서 전달되는 것은 설교자의 진정성이다."[58] 결국 설교는 자신이 체험한 진리를 자신의 인격적인 진정성에 근거하여 자신의 목소리로 전달하는 것이다.[59]

2. 설교 메시지의 편향성

닐 포스트만은 현대인이 기술문명을 본래의 가치에 합당하게 이용하지 못하고 오히려 기술문명의 노예로 역전된 상황을 비판하였다. 그는 『테크노폴리』(Technopoly)의 첫 페이지에서 플라톤의 『파이드로스』(Phaedrus)에 나오는 문자를 발명한 테우스 신과 타무스 왕의 대화를 소개한다. 문자를 발명한 테우스 신이 "문자는 이집트인들의 지혜와 기억력을 증진해 줄 것이고 기억과 지혜의 완벽한 보증수표"라고 문자의 가치를 긍정적으로 주장하자, 타무스 왕은 다음과 같이 반박한다. "문자를 습득한 사람들은 기억력을 사용하지 않게 되어 오히려 더 많이 잊게 될 것입니다. 기억을 위해 내적 자원보다 외적 기호에 의존하게 되는 탓이지요, 당신이 발견한 것은 회상의 보증수표이지, 기억의 보증수표는 아닙니다."[60]

닐 포스트만은 문자의 이중적인 효용성에 대한 타무스 왕의 통찰을 근거로 전자 미디어의 편향적인 가치를 반박한다. 말하자면 문자는 기억과 사고를 증진해주는 내적인 자원으로 인간에게 봉사하지 못하고 오히려 기억과 사고를 위한 외적인 기호로서 인간 위에 군림하게 된다. 이처럼 전자 미디어도 인간 고유의 사고와 커뮤니케이션을 위하여 섬기는 역할을 하지 못하고 오히려 "지식과 진리의 의미를 바꾸어 놓을 것이고... 세계를 인식하는 감각을 한 문화가 갖추도록 하는 뿌리 깊은 사고의 습관까지도 바꾸어 놓을 것이다."[61]

닐 포스트만이 우려한 전자 미디어의 이데올로기적인 편향성은, 신학적인 관점에서 볼 때 텔레비전과 인터넷이 타인 지향형 인간형과 내면 지향적 개인을 만들어낸다는 David Wells의 통찰과 일맥상통한다. 현대인이 끊임없이 텔레비전을 시청하고 인터넷에 접속하는 중요한 이유가 있다. 현재 자신이 속한 사회에서 사람들의 관심을 끄는 쟁점, 용인되는 가치관, 성공 모델, 성공하는 방법, 최신 음악과 유행, 스타의 실생활 등이 무엇인지를 계속 제공해 주기 때문이다.[62]

텔레비전과 인터넷을 통해서 다른 사람들이 추구하는 최신 유행을 끊임없이 좇아가려고 하지만 그대로 100% 좇아가기란 불가능하다. 그러다 보면 다른 사람들이 살아가는 현실 세계를 제대로 이해하지도 못하고 그 속에 뛰어들어 이를 변혁시키지도 못한다. 다만 전자 미디어가 제공하는 가상의 군중심리를 확실성과 불확실성을 끊임없이 오가는 자신의 내면세계 속에 그대로 복제하려고 노력할 뿐이다. 이렇게 계속해서 불확실한 내면과 단말마적으로 변화하는 대중의 문화 사이를 반복적으로 오가는 인간형을 가리켜서 David Wells는 타인 지향형 인간과 내면 지향형 인간이라고 부른다.

전자 미디어 시대를 살아가는 내면-타인 지향형 인간상의 모습은 전 세계적으로 가장 발전된 전자정보통신 미디어를 구축한 한국 네티즌들이 검색 순위에 집착하거나 사람들이 가장 많이 검색한 검색어를 다시 검색하는 모습에서도 잘 나타난다.63 황상민에 의하면, 한국 인터넷의 움직임은 '대세 추종현상'으로 요약된다고 한다. 미국의 위키피디아가 집단지성의 예라면, 한국의 네이버 인기 검색어나 지식인은 대세 추종의 대표적인 예라는 것이다.64

한국사회에서 진행되는 미디어 생태계의 변동은 설교 커뮤니케이션의 환경과 설교 생태계에도 상당한 영향을 미치고 있다. 가장 대표적인 경우가, 대형교회 설교의 모델과 이를 따르려는 중소형교회 설교자들, 그리고 인격적인 진정성이 배제된 커뮤니케이션에 익숙해지고 내면-타인 지향형 인간상으로 빚어진 청중들의 모습에 의하여 한국교회의 고유한 설교 생태계가 변화하고 있다는 점이다.

한국사회의 미디어 생태계가 내면-타인 지향형 인간상을 만들어낸다면, 한국교회의 설교 생태계는 종교적인 시장에서 내면-타인 지향형 고객들이 원하는 메시지를 효과적으로 전달하여 성공하는 설교자들과 그렇지 못한 설교자들로 양분되기도 한다. 또는 새롭게 형성된 설교 생태계에 잘 적응하는 설교자들과 그렇지 못한 설교자들로 새롭게 재편될 수도 있다. 결국 한국교회 설교 생태계 안에서 설교 메시지의 과잉성과 설교 메시지의 편향성이 용인되거나 조장되는 중요한 배경에는 내면-타인 지향형 고객들이 불확실한 내면세계의 문제를 찰나적으로 그리고 반복적으로 해소해 줄 메시지를 원하기 때문이다. 그래서 본래 목적에서 이탈한 설교 소통의 수레바퀴는 목적 없이 무한증식만을 추구하는 교회 성장의 수레바퀴와 함께 굴러가고 있다.65

3. 행동-가치가 배제된 설교 커뮤니케이션

앞서 확인한 바와 같이 전자문명의 발전 과정에서 전자정보통신 미디어는 정보의 과잉과 커뮤니케이션에서의 인격적 진정성의 상실 문제와 함께 정보의 소통과 공유에서 행동-가치(ac-tion-value)가 배제된 정보의 소통을 심화시킨다.

2009년에 총 430명의 목회자를 대상으로 진행된 "교회 회중에 대한 목회자 의식 조사" 결과에 의하면, 현재 한국교회가 당면한 가장 큰 문제점에 대하여 복수로 응답하도록 한 결과, 가장 많은 42.3%의 목회자들은 "목회자의 자질 부족"을 응답하였다. 다음으로 "신앙의 실천 부족"에 대하여 34.2%, "지나친 양적 추구" 31.2%, "개교회주의" 20.9%, "신앙 훈련 부족" 17.2%, "신학생 과다배출" 16.5%, "교회 양극화 현상"에 대해서도 10%의 목회자들이 문제점으로 인식하는 것으로 나타났다.[66]

이 조사에서 지목한 문제점들을 응답비율에 따라 재구성해 본다면 현재 한국교회의 심각한 문제점은, 자질이 부족한 목회자들이 교회 양극화와 개교회주의라는 종교적인 시장의 늪에 빠져서 신자들의 신앙은 훈련하지 못하고 그저 지나친 양적 추구를 겨냥한 메시지를 유포하여 설교 메시지와 신앙의 실천의 괴리감이 점차 심해지고 있음을 알 수 있다.

한국교회 설교 생태계는 마치 홍수로 온통 물바다이지만 정작 마실 물이 없는 것처럼 설교 메시지는 폭발적으로 쏟아지지만 실천과 무관한 설교, 회중의 실제적인 변화와는 무관한 채로, 단발마적인 감동과 즉흥적인 체험을 고취함으로 설교 상품을 소비하는 종교적인 오락장으로 변질되고 있다.[67] 한국교회 설교 생태계에서 진행되는 정보-행동의 격차 문제는 결국 설

교 소통의 과잉 속에서 하나님 말씀의 소통 부재의 아이러니와
도 관련이 있다.

4. 빈번한 설교소통 속의 진정성 있는
설교소통 부재의 아이러니

전자 미디어가 주도하는 미디어 생태계의 변화에 의하여 설
교 생태계 내에 설교 메시지의 과잉과 설교자의 인격적인 진정
성에 대한 무관심의 증가, 사사화된 메시지의 소비를 중심으로
재편되는 설교 소통의 이데올로기적인 편향성, 설교 소통에서
정보-행동의 격차 심화의 문제를 고찰하게 된다. 결국 설교 소
통의 과잉에도 불구하고 죄악에 빠진 인간의 내면세계와 인류
의 문명과 역사를 변혁시켜서 하나님의 통치를 구현하는 하나
님 말씀의 소통으로서의 설교는 부재하다는 아이러니에 직면
한다.

IV. 미디어 생태계의 변동에 따른 기독교 설교의 소통 전략

21세기에 급속도로 진행 중인 미디어 생태계의 변동 상황에서, 바람직한 기독교 소통 원리에 근거하여 기독교적인 설교 메시지를 소통하고 확산할 수 있는 효과적인 전략은 무엇인가? 뉴미디어 시대에 기독교 목회자들과 신자들이 기독교적인 미디어를 사용하여 하나님의 말씀을 소통할 때 그 저변에 정초 되어야 할 미디어에 대한 신학적인 이해는 무엇인가? 필자는 본 논문의 전반부에서는 기독교적인 소통과 설교에 관한 올바른 신학적인 원리와 규범을 마련하고, 논문의 후반부에서는 21세기 뉴미디어 융합 시대에 설교 메시지를 효과적으로 소통할 실천적인 전략을 모색하고자 한다.

1. 기독교 미디어에 관한 신학적인 이해

필자는 기독교 미디어를 신학적인 관점에서 심층적으로 고찰하기 위하여 조나단 에드워즈의 성향적 존재론 관점의 삼위일체론을 논의의 출발점으로 삼을 것이다. 이어서 발터 벤야민의 사물 언어와 구술 언어에 관한 언어철학에 근거하여 청각 지향적인 구술 언어와 시각 지향적인 사물 언어의 융합의 관점에서 기독교 미디어의 신학적인 목표를 고찰할 것이다. 이어서 성부 하나님이 아담의 범죄와 타락의 문제를 해결하기 위하여 자신의 미디어인 성자 그리스도를 세상에 보내셨다는 성육신 신학을 고찰할 것이다. 또한 성육신의 계시가 그리스도의 십자가 죽음과 부활, 승천, 성령 강림과 교회의 탄생, 그리고 그리스도의 재림에 관한 일련의 구속 역사 의식에 관한 내러티브 형식을 만들어냈고, 오늘날 목회자/설교자들은 구속역사에 관한 내러티브를 언어적인 미디어로 활용하여 신자들에게 구속역사에 관한 의식을 심어준다. 이를 통하여 삼위 하나님과의 구속사적인 연합을 추구해야 함을 고찰할 것이다. 이런 논의 과정을 통해서 기독교 미디어의 신학적인 기초를 마련할 것이다.

1) 조나단 에드워즈의 성향적 삼위일체론과 천지창조

비기독교적인 세계에서 종교를 매개하는 미디어의 필요에 관한 학문적인 탐구는, 주로 두 가지 학문 영역에서 진행된다. 첫째는 가시적인 물질과 비가시적인 정신의 상호 관계에서 물질의 우위를 강조하는 유물론(materialism)이다. 둘째는 유물론과 정반대로 물질에 대한 정신 우위를 강조하는 범신론(pantheism)이다.[68] 그러나 삼위 하나님의 존재를 믿는 기독교인들의 입장에서 기독교 미디어에 관한 적절한 논의의 출발점을 삼위일체론에서부터 시작하는 것이 바람직하다. 그 이유는 기독교의 삼위일체 하나님에 관한 신학적인 이해는 무한의 세계와 유한의 세계를 연결하는 하나님의 계시와 천지창조, 인간의 타락에 대한 하나님의 해결책인 예수 그리스도와 교회, 그리고 기독교적인 미디어들을 통한 영적인 소통에 관한 모든 논의의 출발점을 제공하기 때문이다.

(1) 에드워즈의 삼위일체 모델: 조나단 에드워즈(Jonathan Edwards)는 성부 하나님을 가리켜서 "제일의, 기원이 없고, 가장 절대적인 방식으로 존재하시는 신성"으로 정의했다.[69] 성부 하나님은 무한하시고, 보편적이시고, 모든 것을 포괄하시는 실유이시기 때문에 최고로 탁월한 존재이실 수밖에 없다. 에드워즈에 의하면, "만일 하나님이 자신에 대한 관념을 지니고 계시다면 거기에는 분명 이중성(duplicity)이 존재한다… 그리고 만일 하나님이 자신을 사랑하시고 자신을 기뻐하신다면 거기에는 분명 삼중성(triplicity), 즉 결코 혼동할 수 없고 각각이 본질적으

로 하나님인 세 위격이 존재한다."[70] 영원 전에 성부는 자기 관념을 실재로 실현하여 성자를 낳으셨고, 성부와 성자 사이에는 온전하고 완벽한 자신을 내어주는 사랑의 상호 관계가 형성되었다. 그 상호 관계 안에서 성령 하나님은 성부와 성자로부터 발출하셨다.

에드워즈의 삼위일체론을 연구한 에이미 플랜팅거 포우(Amy Plantinga Pauw)에 의하면, 어거스틴의 자기 관념에 관한 삼위일체 모델과 12세기 아우구스티누스주의 신학자인 생 빅토르의 리처드(Richard of Saint Victor)에게서 빌려온 인격적 존재들의 공동체적인 상호 관계의 모델이 에드워즈의 삼위일체 모델 안에서 하나로 수렴된다고 한다.[71]

(2) 소통 지향적인 삼위 하나님: 또한 이상현의 연구에서 드러났듯이 에드워즈는 전통적인 내재적 삼위일체론과 경륜적 삼위일체론을 성향적 관점(dispositional perspective)에서 통합하였다.[72] 전통적으로 하나님의 본체는 신적인 공유적 및 비공유적 속성들을 소유한 존재로 이해되었으나, 조나단 에드워즈는 하나님 자신의 무한한 거룩과 아름다움을 주체 바깥으로 실현하려는 의지를 실행에 옮기는 행위자로 이해하였다.[73] 이런 맥락에서 본체론적인 실체를 성향(disposition)이라는 개념으로 대체

　　　　　　　뉴 노멀 시대의 교회와 목회

하였다.74 이상현에 의하면, 에드워즈는 성향이라는 단어를 경향성(habit), 지향성(propensity), 법칙(law), 성벽(inclination), 경향(tendency), 기질(temper)과 같은 단어와 의미교환적으로 사용했다고 한다.75

에드워즈의 삼위일체론에서 "성향과 아름다움은 동일한 실재를 바라보는 두 개의 방법이다. 성향은 아름다움의 역동적 측면을 나타내는 반면, '아름다움'은 성향이 나타내는 방식, 곧 방향을 말한다."76 "습관이나 성향이 존재할 경우 그것은 특정한 상황이 조성될 때마다 특정한 사건이 개연적으로만이 아니라 필연적으로 발생할 것이라는 규정적 법칙과 같은 역할을 한다."77

에드워즈에게 있어서 "하나님은 참된 아름다움이고 전지한 존재이며 사랑의 존재이기 때문에, 하나님의 존재는 참된 아름다움을 계속 알고 계속 사랑하려는 주권적 성향이다."78 무한히 거룩하시며 아름다우신 하나님은 자신의 아름다움을 존재 바깥으로 나타내어 구현하려는 역동적 성향을 갖는다는 것이다. 이런 맥락에서 에드워즈는 "자신을 전달하려고 하는 성향이 (하나님의) 본질이다"고 말한다.79 "삼위 하나님은 내적으로 충만하게 실재적인 동시에 본질적으로 자신을 소통하려는 성향이다. 이 신적 성향은 그 성향의 온갖 발현을 기뻐한다. 따라서 (안으

로) 자신의 영광을 기뻐하는 '바로 그 성향'은 이제 밖으로 발현
되고자 한다."[80]

　(3) 천지창조를 통한 하나님의 계시와 소통: 에드워즈에 의
하면, 삼위 하나님이 자신을 기뻐하는 성향이 하나님 바깥으로
가장 최고로 영광스럽게 발현된 것이 바로 천지창조 사건이다.
조나단 에드워즈의 삼위일체론과 천지창조의 밀접한 관계를
깊이 연구했던 존 파이퍼(John Piper)에 의하면, "왜 하나님께서
세상을 창조하셨는가에 대한 에드워즈의 대답은 하나님께서
하나님의 백성들이 하나님을 알고 찬양하고 기뻐하도록 함으
로써 하나님의 충만한 영광을 나타내시려고 하는 성향을 가지
고 계시다는 것이다."[81] 하나님이 천지창조를 작정하신 이유는
천지창조가 스스로의 영광을 자족하는 데 부족함이 있어서가
아니다. 그보다는 자신을 기뻐하고 사랑하는 선한 성품이 삼위
사이에서뿐만 아니라 바깥의 천지 만물에게까지 그 선과 은혜
를 나누고 베풀어주어서 스스로의 영광에 동참하신다. 또한 하
나님이 스스로의 자족과 만족에 동참하기를 원하셨기 때문이
다. "하나님이 자신의 선을 베푸시고 피조물에게 은혜를 베풀
려고 하는 것은 자신을 확산시키려고 하는 하나님의 보편적인
성향을 만족시켜 주는 하나님의 정하신 방식이다. 이는 하나님

이 우주를 통해 활동하는 모든 것의 원천이 될 것이다."[82] 그래서 하나님의 천지창조의 궁극적인 목적은 영원히 자신을 전달하는 것이며, 피조물들에게 하나님의 영광을 목격하고 수납하여 기쁨과 감사의 찬양으로 표현함으로써 하나님의 영광을 기뻐하도록 피조물을 창조하셨다.

그렇다면 자기 스스로를 삼위 하나님 사이에서뿐만 아니라 삼위 하나님의 바깥으로까지 소통하기를 기뻐하시는 하나님은 천지창조를 통한 계시 이후에 사람들과 어떻게 소통하심으로 소통 지향적인 성품을 실제로 구현할까? 이 질문에 대한 해답의 실마리는 발터 벤야민의 언어철학에서 발견할 수 있다.

2) 발터 벤야민의 언어철학과 미디어

발터 벤야민(Walter Benjamin)은 창세기 1-3장에서 이 세상의 모든 언어를 다음 3가지로 압축한다.[83] 첫째는 창세기 1장 1절과 요한복음 1장 1절의 말씀에서 확인되듯이 이 세상 만물을 창조하신 하나님의 언어(language of God)이다. 하나님은 모든 만물과 각종 동식물과 사물들 전체를 오직 말씀만으로 창조하셨다. 발터 벤야민에 의하면, 모든 만물과 사물들이 오직 하나님의 말씀과 창조 언어로 창조되었기 때문에, 모든 만물 속에는 거룩한 하나님의 본질과 창조적인 속성을 가리키는 언어적인 본질이 내재되어 있다고 한다. 예를 들어 사자의 몸속에는 하나님이 사자에게 넣어주신 "용맹"과 "권세"라는 언어적인 본질이 깃들어 있다. 또 꽃 속에는 아름다움이라는 언어적인 본질이 깃들어 있으며, 나무 속에는 생명과 성장, 그리고 풍요로움이 깃들어 있다. 모든 만물 속에는 하나님이 창조하실 때 넣어주신 언어적인 본질이 깃들어 있다. 발터 벤야민은 모든 만물 속에 내재한 언어적 본질을 가리켜서 사물 언어(object language, or language of thing) 또는 형상 언어라고 한다. 이것이 발터 벤야민이 주목하는 두 번째 언어이다.

한편 삼위 하나님은 천지를 창조하실 때 아담과 하와는 말씀만으로 창조하시지 않고, 자신의 형상을 따라 이미 만들어진 흙에 자신의 숨결인 성령의 생기를 불어넣으셔서 하나님과 언어적인 교감이 가능한 생령으로 창조하셨다. 하나님이 아담과 하와에게 제공하신 언어적인 소통 능력이 구술 언어(oral language)다. 하나님이 모든 만물은 자신의 말씀으로만 창조하시면서 오직 인간만 하나님처럼 언어를 구사할 능력을 가진 존재, 즉 생령으로 창조하신 이유가 있다. 그것은 하나님이 아담과 하와를 하나님과 소통하며 교제하는 자리로 초대하고 그들에게 선사하신 언어로 온 세상을 통치하는 권세를 위탁하기 위함이다. 인간은 창조시부터 하나님의 말씀에 응답하는 존재로 지

뉴 노멀 시대의 교회와 목회

음을 받았으며. 하나님과 소통하는 능력을 통해서 하나님과 만물 사이에 소통을 매개하는 중보자 역할을 감당하는 사명을 부여받았다.

그래서 아담은 자신의 언어적 능력을 발휘하여 온갖 사물들과 동식물들의 이름을 불어주면서 그것들 속에 내재한 거룩한 언어적 본질을 바깥으로 끌어내었던 것이다. 초원의 황제와 같은 사자를 가리켜서 "사자!"라고 부르면서 그 사자의 몸통 속에 내재한 "지도력과 권위", 그리고 "용맹스러움"이 피조세계 안에 구현되도록 유도한다. 발터 벤야민은 아담의 구술 언어의 능력을 사물 언어와 구별하여 구술 언어(oral language) 또는 명명 언어(naming language)라고 한다.84 구술 언어와 사물 언어는 자신에 관한 지혜와 사랑을 소통하려는 하나님의 성향적 목표를 달성하는 효과적인 미디어(또는 매체, media)이자 소통의 수단이다.

그렇다면 오늘날 설교자들은 자신의 영광을 온 만방에 구현하기를 기뻐하시는 삼위 하나님의 소통 의지를 어떻게 언어로 전달할 수 있을까? 이 질문의 해답을 모색하기 위하여 삼위 하나님이 그리스도의 구속에 관한 내용을 성령의 감동으로 기록한 성경 계시에 관하여 살펴볼 필요가 있다.

3) 하나님의 영광을 소통하는 언어와 인간의 감각

(1) 문자 문화를 통한 정보의 객관화와 개인적인 자의식의 발달: 선사시대의 구술 문화가 막을 내리고 고대 근동에서 문자 문화가 등장하자 이전의 구술 문화와 전혀 다른 차원의 사고방식이 등장했다. 제러미 러프킨(Jeremy Lifkin)에 의하면, 기원전 3,500년 시기에 진흙에 새긴 그림 문자나 쐐기 문자가 등장하면서 개인적인 자의식이 발달하게 되었다고 한다.85 문자가 사용되기 이전, 구두 발성과 음성으로 의사소통이 이뤄지는 구술 문화에서는 발성자와 청취자가 특정한 시간과 공간에 함께 현존하여 집단적인 의식을 형성하고 공유하는 가운데 소통이 진행되었다. 하지만 문자가 발명된 후 사람들은 정보를 토판이나 파피루스 위에 기록하고 그 후에 수신자가 기록물을 읽는 방식으로 소통이 진행되었다. 이 때문에 발성자와 청취자사이의 공현존과 집단적인 의식보다는 저자와 기록 중인 문서사이에, 또는 기록된 문서와 독자 사이의 지각 매커니즘이 더중요해졌다. 따라서 문서를 매개로 진행되는 소통에서는 문서를 단독으로 기록하려는 기록자나 단독으로 해석하려는 독자의 입장에서 개인적인 자의식이 발달할 수밖에 없었다.

뉴 노멀 시대의 교회와 목회

(2) 체계적인 정보와 과학적인 사고 방식의 발달: 문자의 발명과 기록을 통해서 구술 문화보다 훨씬 더 정교하고 복잡한 기호체계가 창출되었다. 구술 문화에서 발성된 소리나 단어는 모두 구체적인 지시대상을 가지고 있었다. 그러나 문자 문화에서는 개념들이나 사상들이 문자의 기호를 통하여 시각화됨으로써, 시각적인 글자와 그 글자가 연상하는 실제 의미 사이의 복잡한 기호체계가 형성되었다. 또한 그 기호체계 안에서 추상적인 사상과 개념들이 비약적으로 발전하였다. 문자 문화를 통하여 정보 전달자가 전달 현장에서 정보를 실제 발성으로 구현할 필요가 없는 정보의 추상화와 체계화, 그리고 과학적인 사고의 객관성이 증진되었다.[86]

월터 옹(Walter J. Ong)은 청각과 시각의 차이점을 감각의 중심화와 주변화의 관점에서 설명하였다.[87] 월터 옹에 의하면, 사람의 시각적 정보는 바라보는 대상으로부터 이미지가 한 방향으로 들어온다. "방이나 풍경을 보려면 우리는 한 부분에서 다른 부분으로 눈을 움직여야 한다. 하지만 우리가 귀로 들을 때는 즉각적이고 동시적으로 모든 방향으로부터 들려오는 소리를 수집한다. 즉 우리는 우리를 둘러싸는 청각 세계의 중심에 서서 한꺼번에 모든 방향에서 들려오는 소리를 수집한다."[88] 그래서 월터 옹에 의하면, "산산이 갈라놓는 시각과는 대조적으로, 음향은 한데 합쳐주는 감각이다. 시각 중심의 지각 양식은 정보들을 세부적으로 분석하여 명백하게 판명하는 것이라면, 청각 중심의 지각 양식은 수집된 정보들을 종합하고 불일치들을 조화하는 것이다."[89] 청각은 소리를 내보내는 발신체의 내부를 소리 수신자가 침범하지 않고도 그 발신체 내부를 알아낼 수 있도록 함으로써 발신체와 청각 주체의 통합을 유도한다. 반면에 시각은 보는 사람이 보는 대상으로부터 거리를 유지하도록 한다. 그래서 사람의 청각이 소리를 내는 대상과의 관계에서 감각 주체의 중심화와 화합을 초래하는 지각 양식이라면, 반대로 시각은 보이는 대상 이미지의 명확화와 감각 주체와의 관계에서 주변화를 초래하는 지각 양식이라고 한다.[90]

(3) 과거 기억의 현재화와 선적인 시간의식: 문자의 시각작용에서 주목할 점은 과거 기억의 현재화이다. 기록된 문자들과 문장들은 과거에 발생한 사건들에 관한 기억을 종이 위에 현재화하고 객관화하여 제3의 입장에서 관찰 가능한 대상을 만들어낸다. 이렇게 문자를 통해서 시각화되고 영구화된 기억은 지속적으로 축적의 과정을 거치면서 선적인 시간의식을 낳는다.[91]

제러미 러프킨(Jeremy Lifkin)에 의하면, 문자 문화를 통하여 형성된 선적인 시간의식이 가장 탁월하게 발전된 사례가 유대

뉴 노멀 시대의 교회와 목회

인들의 모세오경(또는 토라, Torah)이라고 한다. "히브리 사람들은 문자를 사용하여 역사적 사건을 기록한 최초의 민족이 되었다. 그들은 역사라는 개념을 창안했고, 그 역사에서 실명을 가진 실제 인물들이 과거 어느 시점에 자리 잡은 실제의 사건에 참여했다."[92] 고대 근동의 수메르인들이나 바벨로니아인, 앗시리아인, 히타이트인 같은 다른 문자 문화도 역사적 사건을 기록하기 시작했다. 그러나 유대인들의 역사 기록과 비교했을 때 이들의 역사 기록은 전후의 역사적인 일관성도 없을 뿐만 아니라, 왕이나 특정 권력자의 치적을 부각시키는 것만을 목적으로 하는 일종의 신화처럼 기록되거나 고립된 사건들의 나열로만 기록되었다.

그러나 유대인들을 통해서 하늘의 하나님이 이스라엘 백성들을 구원하시는 역사적인 사건들이 모세오경이라는 문서를 통해서 기록되었다. 그 성경의 본문을 살아 있는 하나님의 음성으로 읽는 전통이 형성되면서, 그 이전의 신화적인 의식이 신학적인 의식으로 도약하였다. "만물을 다스리는 유일한 우주의 하나님이 존재하며 그 하나님이 모든 개개 인간과 관계를 맺기 원한다는 사실을 집단이 아닌 개인이 비로소 처음으로 알게 된 것이다. 모든 개인은 인격이나 신분에 상관없이 신에게 다가갈 수 있다. 일찍이 종전의 어떤 우주 설화도 개인을 이런

식으로 격상시킨 적이 없었다. 모든 개인은 집단과 독립해서 이제 자신의 삶을 각자 책임지며 하나님에 의해 하나님과 인격적 관계를 맺을 자격을 부여받는다."[93]

모세오경으로부터 시작하여 하나님의 말씀이 파피루스와 같은 문서 위에 기록되었다. 그 사본들이 신앙 공동체에서 집단적으로 낭독되었다. 선지자들과 사도들 그리고 교사들이 등장하여 그 말씀의 의미에 대한 해설과 적용적인 권면이 선포되었다. 하나님 나라의 백성들은 이러한 중재자들의 말씀 선포 행위를 통하여 살아계신 하나님이 자신들에게 말씀하시는 것과 그 말씀을 통하여 자신들에게 찾아오시는 말씀 사건을 동시에 경험할 수 있게 되었다.

4) 하나님의 말씀을 소통하는 목회사역의 미디어

기독교 미디어의 최종적인 목적은 기독교 설교자가 그리스도의 죽음과 부활, 승천, 성령강림과 교회의 탄생으로 나타난 그리스도 중심의 구속 역사에 관한 내러티브를 신자들에게 반복적으로 설교하고 또 가시적인 성례를 통하여 인격적인 진정성을 보증하여 신자들의 마음속에 구속사 의식에 관한 믿음을 형성하는 것이다.

그렇다면 신자들의 마음속에 구속역사에 관한 의식과 신앙을 형성하는 기독교 미디어는 과연 무엇이 있을까? 이 질문과 관련하여 적절한 통찰을 제공하는 학자가 실천신학자 제이콥 피렛(Jacob Firet)과 다니엘 로우(Daniel Louw)이다. 피렛(Firet)에 의하면, 말씀을 통해서 자기 백성들과 소통하는 하나님은 목회자의 말씀 사역을 도구로 삼아 회중과의 영적인 연합에 관한 목회적인 역할 성취(pastoral role-fulfillment)를 실행한다고 한다. 하나님이 말씀을 통해서 자기 백성들과 영적인 연합을 이루는 목회적인 역할 성취(pastoral role-fulfillment)는 케리그마를 통한 임재의 실행화(mode of actualization)와 디다케를 통한 임재의 지속화(mode of continuation), 그리고 파라클레시스를 통한 하나님의 임재의 집중화(mode of concentration)라는 세 가지 매개 양식을 통해서 이루어진다.94 그리고 삼위 하나님이 말씀을 통하여 자기 백성들과 영적인 연합을 이루는 과정에서 회중의 영적 깨달음과 회심이라는 해석학적인 사건(hermeneutical moment)과, 회중과 하나님 사이의 언약 관계의 갱신과 영적인 성숙의 사건(agogic moment)이 진행된다고 한다.95

피렛(Firet)이 제시한 하나님의 말씀을 통한 목회적인 역할 성취는 다니엘 로우(Daniel Louw)의 실천신학적인 통찰에서도 그대로 반복된다. 다니엘 로우에 의하면, 목회사역의 중요한 목표는 하나님과 자기 백성들 간의 언약적인 만남이 사건을 성취하고 또 그 사건에서 발생하는 신자들의 깨달음과 변화, 그리고 새로운 미래 전망에 관한 소망을 제공하는 것이다. 목회 사역을 신학적으로 탐구하는 실천신학의 목표는 이러한 과정을 신학의 논리로 자세히 설명하는 것이다.[96] 그에 의하면, 하나님과 신자들의 만남과 영적인 연합이 발생하는 목회적인 양식으로 설교(proclamation), 교육(edification and instruction), 상담과 돌봄(care and admonishment), 친교와 코이노니아(mutual fellowship), 목회사역(ministry), 예배와 찬양(worship and praise), 구제와 선교(outreach and stewardship)가 있다고 한다.[97]

결국 기독교 미디어와 관련하여 피렛과 로우의 통찰에서 확인할 수 있는 것은, 예배와 설교를 포함하여 교회의 다양한 목회 사역들은 하나님과 신자들의 만남과 영적인 연합을 매개하는 기독교적인 미디어의 유형들이라는 사실이다. 그러므로 목회자/설교자들은 하나님의 말씀을 신자들에게 선포하고 가르치는 말씀의 사역을 통해서 자기 백성들에게 찾아오시는 하나님을 청각적으로 매개할 수 있는 것이다. 이와 함께 목회자/설교자들은 예배와 교육, 친교와 코이노니아, 상담과 돌봄, 그리고 구제와 선교 등등의 다양한 목회 사역들을 통해 선포된 하나님 나라의 복음을 신자들이 실제로 경험할 수 있도록 매개해야 한다.[98] 그런 의미에서 교회의 다양한 목회 사역들은 하나님

뉴 노멀 시대의 교회와 목회

과 신자들을 매개하는 기독교적인 미디어의 실제적이고 실천적인 복합적 매개 양식이라고 말할 수 있다.

5) 하나님 말씀을 소통하는 설교자의 두 가지 핵심 책무

불확실한 미래 앞에서 신자들이 설교단 아래 모였을 때 설교자에게 기대하는 메시지는 다음 두 가지로서 투명한 정보 공개(input)와 합리적인 대처 방안 제시(output)이다.

(1) 투명한 정보 공개: 첫째는 하나님의 구속사와 섭리 안에서 현재 무슨 일이 일어나는지 상황 파악을 위해 정보를 투명하게 공개하는 것이다. 하나님의 말씀을 전하는 설교자는 신자들에게 자신을 계시하기 원하시는 하나님의 계시의 창을 통하여 구속사적인 섭리 가운데 현재 무슨 일이 일어나고 있는지 계시 정보를 최대한 투명하게 제공해야 한다.

(2) 합리적인 대처 방안 제시: 둘째는 투명한 정보 공개를 통해서 신자들이 현재 무슨 일이 일어나고 있는지를 파악하였다면 이들에게 필요한 합리적인 대처 방안을 제공하는 것이다.

V. 미디어 생태계 변동과
기독교 설교의 소통 전략

하나님의 말씀을 선포하고 교육해야 하는 목회자들과 설교자들은 기독교 미디어를 활용하여 어떻게 효과적인 설교의 소통 전략을 모색할 수 있을까? 이 질문에 대하여 필자는 설교 소통을 구성하는 설교의 목적과 내용, 그리고 형식의 3요소의 관점에서 그 해답을 제시하고자 한다.

1. 뉴미디어 생태계의 한계를 극복하는 설교의 목적

1) 삼위 하나님과 신자들의 영적인 연합과 하나됨

앞서 CPND로 형성된 뉴미디어 생태계가 인간의 욕망이 최고로 실현되는 가공의 시뮬라크르 세계로 현대인들을 몰입시키는 것을 살펴보았다. 이에 대항하여 설교사역을 감당하는 목회자들과 설교자들이 설정해야 할 설교 목표는 삼위 하나님과

뉴 노멀 시대의 교회와 목회

신자들의 영적인 연합이다. 성부 하나님과 동일한 지혜이며 말씀이신 예수 그리스도는 자신의 성육신과 대속 사역의 최종 목적을 다음과 같이 천명하고 있다. "아버지여! 아버지께서 내 안에 내가 아버지 안에 있는 것 같이 그들도 다 하나가 되어 우리 안에 있게 하사 세상으로 아버지께서 나를 보내신 것을 믿게 하옵소서. 내게 주신 영광을 내가 그들에게 주었사오니 이는 우리가 하나가 된 것 같이 그들도 하나가 되게 하려 함이니이다. 내게 주신 영광을 내가 그들에게 주었사오니 이는 우리가 하나가 된 것 같이 그들도 하나가 되게 하려 함이니이다."(요 17:21-23).

여기에서 예수께서 신자들의 일치와 하나 됨을 위하여 성부께 간구할 때 염두에 두고 있던 일치의 본질이나 방식은 과연 무엇이었을까? 비슬리 머리(George R. Beasley-Murray)에 의하면, 그것은 '내게 주신 영광'이란 표현에서 암시되듯이 성부 하나님의 지혜이고 말씀이며 계시 그 자체이고 사람의 중보자이신 그리스도를 통해서 나타난 성부의 은총과 사랑 안에서의 일치와 하나됨이다.[99] 성부 하나님은 자신의 독생자를 세상에 보내심으로 세상과의 소통 목적을 성취하기 위하여 최고의 희생을 지불하셨다. 이것이 바로 성육신 사건에 내포된 기독교 미디어의 인격적인 진정성이다. 성부 하나님은 죄인의 구속에 관한 말씀을 단순히 정보가 담긴 언어적인 메시지로만 계시하신 것이 아니다. 직접 그 말씀을 인격적으로 구현하는 독생자를 세상에 파송하여 그가 직접 대속의 죽음을 감당하도록 하심으로 구속에 관한 말씀을 액면 그대로 실현하셨다.

2) 들리는 말씀의 설교 메시지와 보이는 말씀의 목회 사역의 일치를 통한 메시지의 인격적 진정성 확보

삼위 하나님과의 영적인 연합이 모든 설교 사역의 최종적이고 궁극적인 목적이다. 그렇다면 21세기 뉴미디어의 부정적인 영향 때문에 설교 메시지에 인격적인 진정성을 의심하는 청중을 향해 고려해야 할 전략적인 방법으로서의 설교의 목적은 무엇일까? 앞서 확인한 바와 같이 우리는 21세기 뉴미디어의 부정적인 영향 때문에 설교 메시지가 질적인 검증 없이 폭발적으로 넘쳐나면서도 목회자들의 설교 메시지에 대한 인격적인 진정성이 의심받는 상황 속에 살고 있다. 이런 상황에서 기독교 설교자들은 무엇보다 구술 언어와 사물 언어의 일치를 통해서 메시지의 인격적 진정성을 확보하도록 노력해야 한다. 달리 말하자면 설교를 통한 청각적인 말씀 선포 사역이 성례전의 기능을 감당하는 가시적인 목회활동들(visible pastoral ministry)과 서로 상보적인 기능을 감당할 수 있도록 설교해야 한다는 것이다.

예를 들어 5월 가정의 달에 "신실하고 행복한 가정생활"에 관하여 설교한다면, 설교 도중에 신자들의 실제 가정생활에 관한 시청각적인 이미지들이나 사진들을 설교와 함께 소개할 수 있다. 또는 설교 후 예배 시간에 경건한 가족의 롤 모델을 보여줄 수 있도록 가족이나 친구들을 그룹으로 정하여 그룹별 성만찬의 시간을 갖는 것이다. 그리하여 목회자/설교자는 행복한 가정이나 친구 관계에 관한 구술 언어의 말씀 선포와 그 메시지의 가시적인 모범을 제공하는 사물 언어의 실제 롤 모델(그룹별 성만찬)을 회중 앞에 제시함으로써 말씀과 실제 사건이 서로 연결되는 메시지의 인격적인 진정성을 확보하도록 노력해야 한다.

2. 현대인의 자기중심성을 능가하는 기독교 설교의 내용

앞에서 확인한 바와 같이 자신과 소통하기를 원하는 삼위 하나님은 사람들을 위한 중보자 예수 그리스도의 십자가 죽음과 부활을 통하여 대속 사역을 완성하셨다. 이 그리스도의 대속 사역이 시간과 공간을 초월하여 모든 하나님 나라 백성들에게 적용되도록 성령 하나님을 세상에 파송하셨다. 뿐만 아니라 그리스도 중심의 구속 역사에 관한 내러티브를 성경에 기록하여 후대의 설교자들이 성경의 구속 역사에 관한 내러티브를 설교함으로써 그 말씀 안에서 삼위 하나님과의 영적인 연합을 경험하도록 하셨다. 성경의 구속 역사에 관한 내러티브의 설교는 과거에 기록된 구속 사건에 관한 반복적인 해설을 의미하는 것이 아니다. 그보다는 과거에 기록된 구속 사건의 관점에서 전례 없이 새롭게 다가오는 회중의 삶의 정황(Sitz im Leben)에서 각자가 살아계신 하나님을 만나고 그 말씀에 순종하는 삶을 살아냄으로 하나님과의 영원한 언약 관계를 새롭게 갱신하고 또 유지하는 것이다.

이 목적을 달성하고자 할 때 설교자가 반드시 회중에게 제공해야 하는 설교의 내용이 그리스도 중심의 구속역사에 관한 의식(redemptive historical consciousness)이다.[100] 구속사 의식이란 창조로부터 그리스도를 통한 구속과 재림으로 이어지는 일련의 그리스도 중심의 구속 역사의 시각으로 현재를 분별하는 사고방식을 의미한다. 사도들과 선지자들은 이러한 그리스도 중심의 구속사 의식으로 성경의 말씀과 현실 세계의 연관성을 파악하고자 노력하였다.[101]

문자를 통해서 종이 위에 기록된 '하나님의 말씀'(the Word of God)은 그 자체로 정경적인 지위를 가진다. 기록된 하나님의 말씀이 기독교의 경우에는 창조와 타락, 그리스도를 통한 구속, 재림을 통한 심판과 하나님 나라 완성이라는 거대담론(meta narrative)의 형태를 취한다. 하나님의 구속에 관한 거대담론은 구속 역사에 관한 선적인 시간의식을 형성한다. 말하자면 성경이라는 책을 통해서 전달되는 하나님의 말씀은 그 말씀을 듣는 신자들의 마음속에 하나님의 구속에 관한 선적인 시간의식, 곧 구속사 의식(redemptive historical consciousness)을 형성하는 것이다.

3. 반전의 깨달음을 통한 영적인 연합

설교자가 성경에 기록된 구속 역사에 관한 내러티브를 설교하여 신자들에게 영적인 깨달음과 회심이라는 해석학적인 사건이 일어나고, 하나님과의 언약 관계의 갱신과 영적인 성숙의 사건이 일어나도록 설교할 수 있는 설교의 전략이나 방법은 무엇일까? 성경에 기록된 구속 역사의 내러티브가 이를 듣는 독자들과 청중들에게 반전의 깨달음을 유도하는 수사적인 구조에서 그 해답의 실마리를 모색할 수 있다.[102]

성경의 내러티브가 독자들이나 청중에게 강력한 반전의 깨달음을 불러일으키는 이유는 그 내러티브가 대조관계나 갈등으로부터 시작하여 실마리의 암시나 내포, 또는 복선의 과정을 거쳐서 극적인 반전과 깨달음, 그리고 문제가 해결되고 해피엔딩으로 종결되는 치밀한 플롯을 갖추었기 때문이다. 재미있는 문학 작품이나 소설에서 발견되는 반전의 깨달음의 수사적인 구조는 프래드 크래독이나 유진 로우리와 같은 현대의 신설교학자들에 의하여 설교학에 도입되었다.

유진 로우리(Eugene Lowry)가 제안했던 내러티브 설교 형식은 먼저 서론에서 청중의 마음에 모순되는 문제를 제시하여 그들의 마음에 심리적인 평형감각을 무너뜨리는 단계로부터 시작된다(Upsetting the equilibrium).103 둘째 단계는 앞의 문제점을 더욱 자세히 파헤치면서 문제를 더욱 심화시키는 단계(Analysing the discrepancy)로서 문제에 대한 해답을 심리적으로 지연시켜서 나중에 반전의 동력을 충분히 확보하는 과정이다. 셋째 단계는 문제 해결을 위해 실마리를 제시하는 단계(Disclosing the clue to resolution)로서 이 단계에서 설교자는 관례적인 입장이 아니라 이와 전혀 다른 각도에서 문제점을 깊이 파헤치면서 문제에 대한 관점의 전환을 시도한다.

이어서 넷째 단계에서는 회중이 전혀 기대하지 못했던 해답을 제공하면서 예상치 못했던 복음을 경험하도록 한다(Experiencing the gospel). 마지막 다섯째 단계는 앞서 제시되었던 복음

선포에 근거하여 그 복음적인 메시지의 연장선상에서 충분히 예상할 수 있는 긍정적인 결과를 예견하는 단계로 종료한다 (Anticipating the consequence). 유진 로우리의 주장처럼 설교 전체의 내러티브가 이러한 플롯 형식을 갖출 때 청중에게 반전의 깨달음을 효과적으로 전달할 수 있을 것이다.

4. 설교목회를 통한 구속사 의식의 구현

21세기 뉴미디어 시대에 목회 현장의 설교자들이 하나님과 신자들의 영적인 연합과 언약 갱신을 달성할 효과적인 목회 전략은 무엇일까? 뉴미디어 시대의 신자들의 특징은 이전의 위계적이고 지식전달 위주의 목회 패러다임 대신 직접 체험할 수 있고 관계를 맺을 수 있으며 감성적인 상호작용을 경험할 수 있는 목회 패러다임을 요청한다는 사실이다. 레너드 스윗은 뉴미디어 시대에 걸맞는 목회 패러다임으로 경험(experience), 참여(participation), 이미지(image-driven), 그리고 관계(connected) 중심의 EPIC 교회를 제안했다.104 그는 또 교회 건물 안에 모여서 (attractional) 명제적인(proposiotional) 교리만을 강요하는(colonial) 전통적인 목회 패러다임을 가리켜서 APC 패러다임이라고 비판하였다. 동시에 공동체와 사람들 그리고 세상 속으로 들어가는 선교지향적(Missional ministry)이고, 하나님과 관계를 맺고 이웃 사랑을 실천하는 관계 지향적(Relational)이며, 예수님처럼 세상에 복된 소식을 구현하는 성육신적(Incarnational ministry)인 MRI 목회 패러다임을 주장하였다. 레너드 스윗이 제안한 EPIC & MRI 목회 패러다임에 부응하는 설교 소통의 한 가지 전략은 하나님 나라에 관한 청각적인 메시지를 시각적인 성만찬과 목회사역 전체와 서로 연결시키는 것이다.

필자는 하나님 나라와 복음에 관한 청각적인 말씀과 성례전적인 시각의 말씀을 서로 통합하여 뉴미디어 시대에 부응할 수 있는 효과적인 설교 소통의 구체적인 대안으로 문답식 교육 패러다임과 비블리오드라마, 그리고 성경체험학습을 제안하는 바이다.

1) 문답식 교육 패러다임

문답식 교육 패러다임은 설교자와 청중 사이에 구속역사 의식이 공유되는 방향으로 하나님의 말씀을 선포하고 공유할 수 있는 한 가지 설교학적인 전략이라고 말할 수 있다. 기독교 교육학자 브루스 윌킨슨(Bruce Wilkinson)에 의하면, 무능한 교사는 교육 과정의 초반부에서 자신이 가르치려는 내용을 학생들에게 주입하려고 급급하지만, 유능한 교사는 교육 과정의 초반부에 질문을 던지거나 관점의 전환을 유도하는 내용들을 제시하여 학생들의 필요를 세워 먼저 부각시킨다고 한다.[105] "예수님도 가르침의 시작점은 학생들의 필요이지 가르칠 내용이 아니었다." 설교의 관점에서 달리 표현하자면, 설교자가 설교를 시작하는 출발점과 서론은 설교자가 전하려는 메시지가 아니라 청중이 설교 메시지에 마음의 문을 열도록 동기를 자극할만한 청중의 곤란한 상황이라는 것이다.

문답식 교육 패러다임을 설교의 형식에 가장 잘 결합한 대표적인 사례가 브라이언 채펠(Bryan Chapell)의 '타락한 상황에 초점 맞추기'(FCF, Fallen Condition Focus)이다. FCF(타락한 상황에 초점 맞추기)는 설교자가 설교문을 준비하고 전달할 때 회중이 직면한 문제점이나 곤란한 상황을 설교를 통하여 해결할 과녁으로 의식하는 것을 의미한다. 그래서 FCF라는 '타락한 회중의 문제 상황'은 그에 대응하는 '그 상황에 대한 구속하시는 하나님의 은총의 해답'을 기대하며 요청한다.[106] 그래서 FCF가 설교 시간에 설교자가 해결해 주어야 할 청중의 문제(question)라면 설교자가 설교 메시지 속에 담은 설교의 중심사상에는 그 문제에 대한 설교의 해답(answer)이 포함되어야 한다. 이렇게 Q-A의 대응구조를 갖춘 설교 형식을 위해서, 설교자는 서론에서 회중들이 고민하는 신앙생활에 관한 질문(question)을 제기하고 설교의 본론에서는 그 질문에 대한 2–3가지의 순차적인 답변(an-swers)을 제시해야 한다. 또는 성경공부 시간에는 성경본문 해석과 관련된 다양한 질문들을 인도자가 참가자에게 던지거나, 또는 참가자가 본문 해석과 관련된 질문들을 던지도록 유도함으로써 참여지향적이고 성경 본문 체험 지향적인 방식으로 진행할 수 있다.[107]

2) 비블리오드라마

성경을 학습하는 과정에서 참여자들이 성경 본문의 세계를 좀 더 적극적으로 경험하도록 할 수 있는 한 가지 방법이 '비블리오드라마'이다.[108] 비블리오드라마(bibliodrama)는 성경공부 참가자들이 성경 본문의 등장인물의 상황과 인물들의 상호작용과 사건들을 참가자들/학습자들이 직접 오늘 현재의 무대 공간에 그대로 옮겨서 재현해본다. 그 과정에서 참가자들은 성경 본문의 인물들의 고민이나 갈등, 또는 반전의 깨달음이나 감동을 드라마의 형태로 표현하면서 성경 본문의 세계를 간접적으로 체험하도록 하는 기독교적인 교수법이다. 비블리오드라마는 뉴미디어가 제공하는 가상현실 속에서 뉴스와 오락, 그리고 간접체험을 하나로 경험하는 것에 익숙한 현대인들에게 성경의 내러티브와 드라마를 통한 성경적인 가상현실을 효과적으

로 제공할 수 있다.109

3) 성경 체험학습

체험과 참여, 이미지, 그리고 관계를 추구하는 EPIG 시대에 EPIG 목회를 위해서 목회자는 신자들이 교회에서 영적인 진리를 직접 체험할 다양한 기회를 제공해야 한다. 이를 위해서 목회자들은 교회 안에서의 신앙 교육이 교실형 주입식 교육 패러다임이 되는 것을 지양해야 한다. 대신 교회 바깥의 여러 공연장이나 국내의 다양한 기독교 유적지, 그리고 동남아 선교지를 방문하여 교회에서 가르치고 제시했던 여러 성경적인 개념들이나 사상들을 직접 현장에서 경험하는 것을 지향해야 한다. 이렇게 신자들이 교육 내용에 직접 참여하는 가운데 학습이 이뤄지도록 해야 한다.110

예를 들어 성찬식의 경우에도 1년 4회 미만의 예배 시간에 진행되는 성만찬에 덧붙여서 성만찬이 지향하는 하나님 나라의 풍성한 만찬에 대한 소망, 그리고 신자들과의 하나됨을 위하여 전교인 애찬식(agafe meal)을 정기적으로 시행하는 것이 효과적이다.111 또 단기 선교 프로그램의 경우에는 청년부 담당 교역자가 일방적으로 주도하는 대신 참가자들의 기대나 수준을 고려하여 미리 설문지를 통해서 참가자들이 구체적으로 희망하는 프로그램들이나 일정들을 문의하고 반영하여 참가자 주도적인 방향으로 진행하도록 노력해야 한다. 그리고 단기 선교 프로그램이 교역자나 현지 선교사들이 주도하는 것보다는 다양한 봉사활동들을 미리 준비하고 훈련하여 선교지 현지에서 참가자들이 직접 참여하고 체험할 수 있는 방향으로 진행해야 한다.

VI. 나가는 글

이상으로 필자는 조나단 에드워즈의 성향적 삼위일체론과 발터 벤야민의 언어철학, 그리고 월터 옹의 시각화된 구속 역사 의식과 기억의 관점에서 기독교 미디어에 관한 신학적인 토대를 마련하였다. 먼저 에드워즈의 성향적 관점의 삼위일체론은 삼위 하나님을 '삼위 사이에서뿐만 아니라 만유를 통해서 자신의 무한한 영광과 권능을 소통하려는 의지와 성향을 가진 존재'로 이해함을 밝혔다. 이어서 발터 벤야민의 사물 언어와 구술 언어에 관한 언어철학이 의미하는 것은, 소통하려는 성향을 실현하는 삼위 하나님이 언어 능력을 가진 인간이 하나님의 미디어에 참여할 수 있도록 언어적인 방법에 관한 통찰을 제공한다는 것이다.

그런데 소통하려는 하나님의 성향과 천지창조, 그리고 인간의 언어 능력에도 불구하고 기독교 미디어에 관한 신학적인 탐구에서는 아담의 범죄와 타락으로 말미암은 인간 언어와 미디어의 왜곡의 문제를 피할 수 없다. 이 문제에 관하여 성부 하나님은 자신의 독생자를 세상에 보내어 인류의 죄에 대한 심판을 대신하여 십자가에서 대속의 죄값을 치르게 하시고, 다시 하나님의 궁극적인 소통을 완성하기 위하여 성령의 권능으로 그리스도를 부활시키셨다. 이후에 삼위 하나님은 자신의 말씀을 소통하도록 위임한 선지자들과 사도들, 그리고 현대의 목회자들과 설교자들의 언어활동을 통하여 하나님의 구속 역사에 관한 내러티브를 선포하고 전파하여 자기 백성들을 구원하시고 거룩하게 하심으로 최종적으로 삼위 하나님과의 연합을 추구하신다. 이상의 신학적인 지평들이 기독교 미디어에 관한 신학적인 토대이다.

이어서 필자는 설교의 목적과 내용, 형식, 그리고 실제적인 설교목회의 관점에서 21세기 뉴미디어 시대에 효과적인 설교 소통의 전략을 모색하였다. 첫째로, 21세기 미디어 융합의 시대에 설교자들이 염두에 두어야 할 설교의 목적으로 삼위 하나님과 신자들의 영적인 연합과 하나됨을 확인하였다. 이어서 메시지의 진정성이 의심을 받는 상황에서 들리는 말씀의 설교 메시지와 보이는 말씀의 목회 사역의 일치를 통한 메시지의 인격적 진정성 확보의 중요성을 확인하였다. 둘째로, 현대인의 자기중심성을 능가하는 기독교 설교의 내용으로서 그리스도 중심의 구속 역사에 관한 내러티브와 구속역사 의식의 중요성을 확인하였다. 셋째로, 이상의 설교의 목적을 달성할 효과적인 설교 형식으로서 반전의 깨달음을 통한 영적인 연합과 설교목회를 통한 구속사 의식의 구현을 제안하였다. 넷째로, 하나님 나라와 복음에 관한 청각적인 말씀과 성례전적인 시각의 말씀을 서로 통합하여 뉴미디어 시대에 부응할 수 있는 효과적인 설교목회의 구체적인 전략으로서 문답식 교육 패러다임과 비블리오드라마, 그리고 성경체험 학습을 제안하였다.

이러한 설교목회 전략들은 하나님과 신자들의 영적인 연합을 위하여 목회자가 활용하는 기독교적인 매체들이며, 성경이 제시하는 구속 역사에 관한 의식이 신자들의 마음속에 형성되고 구현되도록 유도하는 효과적인 기능을 감당한다. 그리고 이러한 체험 학습과 참여 학습을 통해서 신자들은 21세기의 현란한 뉴미디어의 유혹을 물리치고 '하나님의 말씀이 육신이 되어 우리 가운데 거하시는 임마누엘'(요 1:14)을 확인할 수 있다. 그러한 믿음 안에서 삼위 하나님과 하나된 신앙 공동체(요 17:21)를 세울 수 있을 것이다.

미주

1   Richard Osmer, *Practical Theology : An Introduction*, 김현애, 김정형 공역, 『실천
    신학의 네 가지 중심과제』 (서울:WPA, 2012), 27-59.
2   Mitchell Stephens, 이광재, 이인희 역 『뉴스의 역사』 (서울: 커뮤니케이션북스,
    2010), 2.
3   I. Fang, *A History of Mass Communication: Six Information Revolutions*, 심길중
    역 『매스커뮤니케이션의 역사: 6단계 정보혁명』 (서울: 한울아카데미, 2002).
4   김문조, 『융합사회의 소통양식 변화와 사회진화 방향 연구』 (서울: 정보통신정
    책연구원, 2009), 37.
5   이성우, "새로운 산업혁명과 국제정치질서의 전망", 「국제정치논총」 57/1
    (2017.03): 313-346. Klaus Schwab, 송경진 역, 『클라우스 슈밥의 제4차 산업혁
    명』 (서울: 새로운 현재, 2016); Jeremy Rifkin, *The Third Industrial Revolution*, 안
    진환 역, 『3차 산업혁명: 수평적 권력은 에너지 경제 그리고 세계를 어떻게 바꾸
    는가』 (서울: 민음사, 2012).
6   최창현, "C-P-N-D 생태계와 ICCT", 「Journal of Digital Convergence」 12/3
    (2014): 7-16.
7   Casey Man Kong Lum, 『미디어 생태학 사상』, 51ff.
8   Casey Man Kong Lum, 51ff.
9   오미영, 정인숙, 『커뮤니케이션 핵심 이론』 (서울: 커뮤니케이션북스, 2005),
    182.
10 Harold Innis, *Empire and Communications*, (Toronto: Dundurn Press, 2007), 7.
11 Alexander John Watson, *Marginal Man: The Dark Vision of Harold Innis*.
    (Toronto: University of Toronto Press, 2006), 313.
12 Harold Innis, *The Bias of Communication*. (Toronto: University of Toronto
    Press, 1951), 3-5.
13 Harold Innis, *Changing Concepts of Time*. (Toronto: University of Toronto
    Press, 1952), 15.
14 Marshal 맥루한, 『미디어의 이해: 인간의 확장』 김성기 이한우 역 (서울: 민음사,
    2002), 35.
15 Marshal 맥루한, 『미디어의 이해』, 36-7.
16 Marshal 맥루한, 『미디어의 이해』, 30, 55, 439.
17 Eric 맥루한 and Frank Zingrone eds, Essential 맥루한, (London : Routledge,
    1997), 262

18   Marshal 맥루한, 『미디어의 이해』, 83.

19   Marshal 맥루한, 90.

20   닐 포스트만, *Technopoly: The surrender of culture to technopoly*, 김 균 역 「테크 노폴리」 (서울: 궁리, 2005), 37.

21   닐 포스트만, *Amusing Ourselves to Death: Public Discourse in the Age of Show Business*, 정탁영 정준영 공역 「죽도록 즐기기」 (서울: 참미디어, 1997), 20, 44

22   닐 포스트만, *Amusing Ourselves to Death*, 116.

23   닐 포스트만, 94-5, 121.

24   닐 포스트만, 95.

25   닐 포스트만, 95-7.

26   William Gibson, *Newromancer*, 김창규 역 『뉴로멘서』 (서울: 황금가지, 2005).

27   전문 참조(https://www.eff.org/cyberspace-independence).

28   이연호, 조화순, 『가상현실 내에서의 사회구조의 형성과 변화』 (서울: 정보통 신정책연구원, 2008):16.

29   Anthony Giddens, *Sociology*, 김미숙 공역 『현대 사회학』 (서울: 을유문화사, 1992), 380-382.

30   Anthony Giddens, 『현대 사회학』, 381.

31   Mitchell Stephens, 이광재, 이인희 역 『뉴스의 역사』 (서울: 커뮤니케이션북스, 2010), 429; 이기상, "현상과 미디어: 미디어와 커뮤니케이션에 대한 현상학적 고찰" 「존재론 연구」 30 (2012): 1-34.

32   이종윤, 윤주현, "역할 이론을 활용한 아바타의 사례 연구", 「sigforum」 (2011,12): 174-191.

33   이호규, "주체형성 장치로서의 가상공간과 커뮤니케이션 모델; 르페브르와 푸코의 논의를 중심으로", 「사이버커뮤니케이션학보」 27(2) (2010. 06): 191-192, 173-213.

34   홍석경, "전환기 한국 방송의 이데올로기: 민주화, 시청률, 중산층", 「문학과 사회」 2/2 (1989, 05): 673-691.

35   인남식, "2011 아랍 정치변동의 성격과 함의", 「국제정치논총」 51/4 (2011, 12):237-254.

36   Anthony Giddens, 『현대 사회학』, 378.

37   이처문, "미국과 한국의 뉴미디어 민주주의에 대한 연구: 한국 선거에서의 인터 넷과 SNS 활용과 변천을 중심으로", 「사회과학연구」 (2016, 05): 167-187.

38   David Wells, 김재영 역 『신학실종』 (서울: 부흥과개혁사, 2006), 144-5.

39   예를 들어 2105년 9월 28일부터 발효된 '김영란법'은 OECD 부패 지수 37위권 밖의 '부패공화국'으로 평가를 받는 한국 사회에 단군 이래 최대의 사회적인 변

화를 가져왔다. 긍정적으로는 공직사회나 교육계에 형성된 부정적인 갑을관계가 청산되고 있지만, 그와 동시에 그동안 한국사회를 지탱했던 전통적인 권위구조와 설득력 구조도 함께 쇠락하고 있다. 황지태 외, 『최근 부패방지법의 쟁점에 관한 연구: 청탁금지법에 관한 법리적 검토 및 국민의식조사』 (서울: 한국형사정책연구원, 2015): 1-469.

40 David Wells, 김재영 역 『신학실종』, 148.

41 Peter L. Berger, *A Far Glory* (New York: Anchor Books, 1992), 45. Peter Berger, *The heretical imperative*, 서광선 역, 『이단의 시대』 (서울: 문학과 지성사, 1981), 35. Cf., Dempsey, Ron D., 김순일 역 『성경만큼이나 관심있게 보아야 할 교회 밖 풍경』 (서울: 요단, 2004), 39-65.

42 David Wells, 『신학실종』, 265.

43 김형우, "1인 가구와 방송 트렌드 변화; 먹방, 쿡방을 중심으로" 「미디어와 교육」 5/1 (2015. 06): 152-170.

44 최근 한국 청소년들의 인터넷 중독에 관하여 다음을 참고. Cf., 이유섭, "정신분석학적 관점에서 인터넷, 스마트폰 중독: 아동, 청소년, 청년을 위하여", 「한국라깡과현대정신분석학회 학술발표대회 프로시딩」 (2014, 11): 45-62; 신은화, "포르노그래피 중독과 치유", 「인간연구」 33 (2017, 01): 171-204.

45 고원석, "현대 미디어철학의 관점과 기독교교육의 과제" 「장신논단」 41: 291-3.

46 윤태진, "정서적 참여와 실재의 재구성: 한국 리얼리티 텔레비전 쇼의 작동방식에 대한 고찰", 「방송문화연구」 23/2 (2011, 12): 7-36.

47 Mitchell Stephens, 『뉴스의 역사』, 440.

48 Anthony Giddens, 『현대 사회학』, 392.

49 http://fritsahlefeldt.com/2016/06/07/on-the-internet-dog-drawing/

50 김승현 외, "공간, 미디어 및 권력: 새로운 이론틀을 위한 시론", 「커뮤니케이션 이론」 3/2 (2007, 12): 82-121.

51 이은선, "한나 아렌트의 '탄생성(natality)의 교육학'과 양명의 '치량지'(致良知): '공적 감각(公的 感覺)'과 '지행합일(知行合一)'의 인간교육을 위해서", 「양명학」 18 (2007, 07): 5-62.

52 닐 포스트만, 95-7.

53 김성도, 『호모 모빌리쿠스』, 382.

54 닐 포스트만, *Amusing Ourselves to Death*, 95; David Shenk, *Data Smog - Surviving the Information Glut*, 정태석 유홍림 역, 『데이터 스모그: 정보 홍수 속에서 살아남기』 (서울: 민음사, 2000).

55 George Gilder, *Telecosm: How Infinite Bandwidth will Revolutionize Our World*.

New York: Free Press, 2000.

56 신광은, 『메가처치 논박』 (서울: 도서출판 정연, 2009), 293-333.

57 신광은, 318.

58 Robert Stephen Reid, *The Four Voices of Preaching: Connecting Purpose and Identity Behind the Pulpit* (Grand Rapids: Brazos Press, 2006), 16-17.

59 Byron Forrest Yawn, 『자기 목소리로 설교하라』 전의우 역 (서울: 성서유니온선 교회, 2012), 29-70; Philips Brooks, *The Joy of Preaching* (Grand Rapids: Kregel Publications, 1989), 29; Meyers, R R, *With Ears to Hear: Preaching as Self-Persuasion* (Cleveland: The Pilgrim Press, 1993), 2-6.

60 닐 포스트만, 12.

61 닐 포스트만, 23.

62 David Wells, *No Place for Truth*, 김재영 역 「신학실종」 (서울: 부흥과 개혁사, 2006), 260-61.

63 강준만, 『세계문화전쟁』 (서울: 인물과 사상사, 2010), 120-21.

64 강준만, 154.

65 양희송, 『다시 프로테스탄트』 (서울: 복 있는 사람, 2012), 114. 양희송은 목적 없는 무한성장을 추구하는 교회를 암세포에 비유한다.

66 정재영, 『한국 교회의 종교사회학적 이해』 (서울: 열린출판사, 2012), 158.

67 정재영, 『현대 한국사회와 기독교』 (서울: 한들출판사, 2006), 226. Cf., "여호와는 지식의 하나님이시라 행동을 달아 보시느니라"(삼상 2:3b).

68 Herman Bavinck, *Our Reasonable Faith*, 원광연 역 『개혁교의학 개요』 (서울: 크리스찬다이제스트, 2013), 195.

69 Edwards, Jonathan, *The Works of Jonathan Edwards*, 21 Vols. eds., Perry Miller, John E. Smith and Harry Stout (New Haven and London: Yale University Press, 1957-2008), 131. "The Father is the Deity subsisting in the prime, unoriginated and most absolute manner, or the Deity in its direct existence." 이하에서 이 전집은 WY로 약칭함.

70 Edwards, Jonathan, *WY*, 13:262; Amy Plantinga Pauw, "The Trinity", 이상현 편저, 이용중 역 『조나단 에드워즈의 신학』, 107-8.

71 Amy Plantinga Pauw, *The Supreme Harmony of All: The Trinitarian Theology of Jonathan Edwards* (Grand Rapids: Eerdmans, 2002); idem, "'Heaven is a World of Love': Edwards on Heaven and the Trinity, "Calvin Theological Journal 30" (1995): 392-401.

72 Sang Hyun Lee, "Jonathan Edwards's Dispositional Conception of the Trinity: A Resource for Contemporary Reformed Theology," in Toward the Future of

Reformed Theology: Tasks, Topics, Traditions. ed., by David Willis-Watkins and Michael Welker (Grand Rapids: Eerdmans, 1999): 444-55.

73 Wallace E. Anderson, "Editor's Introduction," WY 6:67.

74 Sang Hyun Lee, "Editor's Introduction," WY 21:6.

75 이상현, "삼위일체, 은혜, 그리고 믿음: 조나단 에드워즈 신학연구" (서울: 대한기독교서회, 2003), 34. Cf., WY 2:206-07, 282-83, WY 8:539, 623, WY 6:384-85.

76 Sang Hyun Lee, "Editor's Introduction," WY 21:7.

77 이상현, "하나님과 세계와의 관계," 이상현 편저, The Princeton Companion to Jonathan Edwards, 이용중 역『조나단 에드워즈의 신학』(서울: 부흥과 개혁사, 2008), 133.

78 Sang Hyun Lee, "Editor's Introduction," WY 21:8.

79 Edwards,"Miscellanies," no. 332, WY 13:410: "God is communicative being," "Miscellanies," no. 107[b], WY 13:277-78: "For it is essence to incline to communicate himself."

80 이상현, "하나님과 세계와의 관계", 114. 139; Edwards, "Miscellanies," no. 1217, WY 23:150-53; Edwards, The End of Creation, WY 8:433; Jonathan Edwards, "하나님의 천지창조 목적", 백금산 역『존 파이퍼의 하나님의 영광을 위한 하나님의 열심』(서울: 부흥과 개혁사, 2003), 223.

81 존 파이퍼,『존 파이퍼의 하나님의 영광을 위한 하나님의 열심』, 137.

82 Jonathan Edwards, "하나님의 천지창조 목적", 225.

83 Walter Benjamin, 최성만 역『언어 일반과 인간의 언어에 대하여-번역자의 과제』(서울: 길, 2008), 71ff. 오근재,『인문학으로 기독교 이미지 읽기』(서울: 홍성사, 2012), 152-159.

84 Walter Benjamin, 최성만 역『언어 일반과 인간의 언어에 대하여-번역자의 과제』(서울: 길, 2008), 71ff. 오근재,『인문학으로 기독교 이미지 읽기』(서울: 홍성사, 2012), 152-159.

85 Jeremy Lifkin, The Empathic Civilization, 이경남 역『공감의 시대』(서울: 민음사, 2010), 243.

86 Robert K. Logan, "글쓰기와 알파벳의 영향", David Crowley and Paul Heyer eds., Communication in History: Technology, Culture, Society, 김지운 역『인간 커뮤니케이션의 역사』(서울: 커뮤니케이션북스, 2012), 138.

87 Walter J. Ong, Orality and Literacy: The Technologizing of the Word, 이기우. 임명진 역『구술 문화와 문자 문화』(서울: 문예출판사, 2009), 119

88 Walter J. Ong, "구두언어, 문자 해독, 현대 매체", David Crowley and Paul

Heyer eds.,『인간 커뮤니케이션의 역사』, 158.

89 Walter J. Ong, "구두언어, 문자 해독, 현대 매체", 158. Cf., Walter J. Ong, "구두 언어, 문자 해독, 현대 매체", 160.

90 이창익, "소리의 종교적 자리를 찾아서"『종교, 미디어, 감각』(서울: 모시는 사 람들, 2016), 36, 39.

91 이창익, "소리의 종교적 자리를 찾아서", 27. 얀 아스만에 의하면, 문화적인 기억은 기록된 경전과 반복적인 구술 사이의 연결고리를 제공한다. Cf., Jan Assmann, *Religion and Cultural Memory*, tr.by Rodney Livingstone, (Stanford, California: Stanford Univ. Press, 2006), 101-121.

92 Jeremy Lifkin, *The Empathic Civilization*, 이경남 역『공감의 시대』(서울: 민음 사, 2010), 262.

93 Jeremy Lifkin,『공감의 시대』, 265.

94 Jacob Firet, *Dynamics in Pastoring: The Agogic Moment in Pastoral role-fulfillment* (Grand Rapids, Mich: Wm. B. Eerdmans, 1986), 15-17.

95 Firet, Dynamics in Pastoring, 95ff. Cf., 김순성, "실천지향적 신학교육을 위한 방법론 및 실천적제언", 한국복음주의실천신학회, 「복음과 실천신학」38 (2016): 20-21.

96 Daniel Louw, *A Pastoral hermeneutic of care and encounter: A theological design for a basic theory, anthropology, method and therapy* (Capetown: Lux Verbi, 1999), 81; Daniel Louw, *Wholeness in Hope Care: On Nurturing the Beauty of the Human Soul in Spiritual Healing* (LIT Verlag, 2015), 105.

97 Daniel Louw, *Wholeness in Hope Care*, 111.

98 권호, "현대 매스미디어의 도전과 설교학적 대응", 「복음과 실천신학」27 (2013, 5): 288.

99 George R. Beasley-Murray, John 1-21: Word Biblical Commentary 이덕신 역 『요한복음』(서울: 솔로몬, 2001), 572.

100 김대혁은 성경 저자가 독자들에게 의도했던 본문의 내용, 형식, 그리고 청중에 게 전달하려는 효과를 포함하는 총체적 본문 커뮤니케이션을 가리켜서 본문성 (textuality)이라고 명명한다. Cf., 김대혁, "본문성이 드러나는 그리스도 중심 적 설교에 대한 제안", 「복음과 실천신학」42 (2017): 11.

101 Abner Chou, *The Hermeneutics of the Biblical Writers*, (Grand Rapids: Kregel, 2018), 204.

102 이승진, "반전의 깨달음을 위한 설교 플롯에 관한 연구", 한국실천신학회, 「신학과 실천」36 (2015, 9): 129-30. Cf., Allen Verhey, *The great reversal : ethics and the New Testament* (Grand Rapids: Eerdmans, 1984), 94; Andrew

Steinmann, *Called to be God's people: An introduction to the Old Testament* (Eugene, OR: Wipf & Stock Pub. 2006), 95.

103 Eugene Lowry, *The homiletical plot: The sermon as narrative art form* (Atlanta; John Knox Press, 1985).

104 Leonard Sweet, *Postmodern Pilgrims*, 김영래 역 『영성과 감성을 하나로 묶는 미래교회』 (서울:좋은씨앗, 2002). 김순환은 Leonard Sweet의 EPIC 교회 패러 다임을 포스트모던 시대를 뛰어넘는 예배의 갱신 패러다임에 적용할 것을 제 안하였다. 김순환, "포스트모던 상황과 예배의 지평확대를 위한 이론 및 실제", 「복음과 실천신학」42 (2017):122-151.

105 Bruce Wilkinson, *The 7 Laws of the Learners*, 홍미경 역 『배우는 이의 7가지 법칙』(서울:디모데, 1995), 329-418.

106 Bryan Chapell, *Christ-Centered Preaching: Redeeming the Expository Sermon* 김기제 역 『그리스도 중심의 설교』 (서울:은성, 1999), 51-63.

107 Cf., 전성수, 『자녀교육혁명 하브루타』 (서울:두란노, 2013).

108 Björn Krondorfer, *Body and Bible: Interpreting and Experiencing Biblical Narrative*, 황헌영 김세준 역, 『비블리오드라마』 (서울:창지사, 2008). Peter A. Pitzele, *Scripture Windows: Towards a Practical of Bibliodrama* 고원석 역 『비 블리오드라마로의 초대』 (서울:한국장로교출판사, 2016).

109 추태화. "비블리오드라마의 한국 교회 활용을 위한 연구," 「신앙과 학문」13 (2008): 189-214; 김희영. "비블리오드라마를 통한 역동적인 성서교육에 관 한 연구," 「한국사이코드라마학회지」11 (2008):59-80; 윤화석, "소통과 공감 에 기초한 교회교육적 접근: 교회교육에서의 비블리오 드라마" 「기독교교육 논총」42 (2015, 6):73-100. 고원석, "기독교교육의 새로운 접근 - 비블리오드 라마," 「기독교교육정보」48 (2016, 03):1-31.

110 이은경, "청소년 통일교육의 새로운 모형: '고난함께'의 "평화캠프" 사례를 중심 으로" 「기독교교육논총」29 (2012, 01): 379-410; 이선영, "효과적인 성경교수를 위한 창조적 교수-학습 모형 설계: 로렌스 리차즈의 HBLT 접근법을 중심으로" 「기독교교육논총」38 (2014. 06): 255-280.

111 이은경, "교육의 장으로서의 세례와 세례교육" 「기독교교육논총」36 (2013, 12): 293-317.